MÁRCIA FERNANDES
SALMOS
◆ MANTRAS PARA A FELICIDADE ◆

MÁRCIA FERNANDES
SALMOS
◆ MANTRAS PARA A FELICIDADE ◆

principium

Copyright da presente edição © 2018 by Editora Globo S.A
Copyright © 2018 by Márcia Fernandes

Todos os direitos reservados.

Nenhuma parte desta edição pode ser utilizada ou reproduzida — em qualquer meio ou forma, seja mecânico ou eletrônico, fotocópia, gravação etc. — nem apropriada ou estocada em sistema de banco de dados sem a expressa autorização da editora.

Editor responsável: Guilherme Samora
Editora assistente: Tamires Cianci von Atzingen
Preparação: Amanda Moura
Revisão: Ligia Alves e Antonio Castro
Projeto gráfico e diagramação: Douglas K. Watanabe
Design de capa: Guilherme Francini
Foto de quarta capa: Cauê Moreno

Texto fixado conforme as regras do Acordo Ortográfico da Língua Portuguesa (Decreto Legislativo nº 54, de 1995).

Dados Internacionais de Catalogação na Publicação (CIP)
(Câmara Brasileira do Livro, SP, Brasil)

Fernandes, Márcia
  Salmos : mantras para a felicidade / Márcia Fernandes. – 2. ed. – Rio de Janeiro : Principium, 2018.

  ISBN 978-85-250-6673-2

  1. Orações 2. Salmos 3. Salmos – Meditações I. Título.

18-20176   CDD-242

Índices para catálogo sistemático:
1. Orações : Cristianismo 242

2ª edição, 2018

6ª reimpressão, 2023

Direitos de edição em língua portuguesa para o Brasil
adquiridos por Editora Globo S.A.
Rua Marquês de Pombal, 25
20230-240 – Rio de Janeiro – RJ – Brasil
www.globolivros.com.br

Dedico este livro aos meus filhos amados,
Fábio e Marcelo, que me ajudaram durante
o processo criativo desta obra.

Antes de fazer uso de qualquer erva, planta, outros recursos para banho ou produto (atenção às informações do rótulo!), certifique-se de que não é alérgico a nenhum componente citado. Na dúvida, sempre busque orientação médica. Este produto e/ou procedimento tem fundamento somente espiritual, portanto não substitui consultas de ordem médica, psicológica e psiquiátrica.

PREFÁCIO

O Livro de Salmos é considerado o décimo nono e maior livro da Bíblia composto por 150 Capítulos, divididos em 5 livros: Livro I: 1 a 41; Livro II: 42 a 72; Livro III: 73 a 89; Livro IV: 90 a 106; Livro V: 107 a 150. Sendo assim, constitui-se em 150 cânticos e poemas proféticos, espirituais os quais são o coração do Antigo Testamento.

A autoria da maioria dos Salmos é atribuída ao rei Davi (o rei mais famoso de Israel e antepassado de Jesus Cristo), o qual teria escrito pelo menos 73 poemas. Asafe (um dos personagens da Bíblia do Antigo Testamento, pai de Joá), o autor de 12 Salmos. Os filhos de Corá (filho de Isar, neto de Coate) escreveram em torno de 9 Salmos e o rei Salomão (rei de Israel) pelo menos dois. Hemã (um dos três levitas atribuídos pelo rei Davi), com os filhos de Corá, bem como Etã (pai de Azarias) e Moisés (um dos profetas mais importantes do Judaísmo e Cristianismo e, igualmente, reconhecido no Islamismo, assim como em outras religiões), escreveram no mínimo um cada. Contudo, 51 Salmos seriam tidos de autoria anônima.

Vale lembrar que o período em que os Salmos foram criados varia muito, representando assim um intervalo de tempo de aproximadamente um milênio, desde a data aproximada de 1440 a.C. (quando houve o êxodo dos israelitas do Egito até o cativeiro babilônico).

Segundo pesquisas, muitas vezes, tais poemas proféticos permitem traçar um paralelo com acontecimentos históricos, principalmente, com a vida de Davi.

Os Salmos são a mais pura magia da poesia e da história em ação, a forma mais apropriada de expressão de sentimentos diante da realidade da vida mediada pelo mistério Divino.

Sendo assim, simplesmente, os Salmos nos convida a participarmos da fabulosa magia do Universo Divino. Fazemos sim parte dessa história, já que tais poemas continuam "vivos" em nossa caminhada existencial até os dias atuais. Neles, descobrimos Deus sempre presente e disposto a nos ouvir a qualquer momento da vida.

O Livro Salmos é um dos mais indicados pelos escritores do Novo Testamento. Vale saber que o próprio Jesus orava os Salmos e sua vida e ação já obtinham verdadeiros significados que essas orações já possuíam. Após Jesus Cristo, os Salmos se tornaram a oração do novo povo de Deus compromissado com Ele a caminho da transformação do mundo. Para muitos teólogos, vários Salmos são considerados como proféticos ou messiânicos, pois se referem à vinda do Cristo e, por isso, existem muitas citações nos versos dos Salmos do Novo Testamento com o objetivo de evidenciar o cumprimento das profecias na pessoa de Jesus.

Esse livro chegou até nós em sua versão grega (Septuaginta) e hebraica. A versão grega dele, como de toda a Bíblia, foi utilizada pelos cristãos convertidos e por Jerônimo de Estridão (foi um sacerdote cristão ilírio) na confecção de sua edição "Vulgata", tradução latina dos livros inspirados. Com a Reforma Protestante é que se buscaram os manuscritos originais hebraicos para fazer novas traduções e foi constatada a diferença que havia entre as duas traduções: as versões, apesar de terem o texto completo, diferem na numeração de capítulos e versículos.

Em síntese, os Salmos são verdadeiros cantos de louvor à Divindade. Tanto que Jesus e Maria os cantavam.

Para se conectar com Deus e com a energia do Universo, é fundamental ter muita fé. Acredito muito que a palavra tem força. E que a energia dela pode sim nos ajudar na superação de variados momentos que passamos durante o percurso da vida.

Pensando nisso, resolvi escrever com muito critério e carinho este Livro de Salmos (baseado na Bíblia Católica) em que cada um deles apresenta seu próprio objetivo.

Nesta obra, segue a intenção de cada um dos Salmos para que você possa se conectar com o Universo Espiritual de forma plena, íntegra, consciente, com a finalidade de autoproteção espiritual, proteção de sua família, para ter paz física, mental, espiritual, autoequilíbrio, obter prosperidade, melhoria de saúde, êxito na vida amorosa, livrar-se de energias maléficas e, sobretudo, pura conexão com o Universo Superior.

Portanto, convido você a ter muita fé ao recitar os Salmos. Por meio da fé, podemos sim mover montanhas físicas e invisíveis.

Carinhosamente, que você consiga estar no bem, fazer o bem tanto para si quanto ao próximo com muito amor, fé, determinação e paz no coração,

Márcia Fernandes

SUMÁRIO

Salmo 1	Para gestantes que correm risco de aborto .	19
Salmo 2	Para manter a paz no coração	20
Salmo 3	Para adquirir prosperidade financeira.	21
Salmo 4	Para tomar decisões importantes.	22
Salmo 5	Para ter sucesso em processos judiciais . . .	23
Salmo 6	Para problemas nos olhos	25
Salmo 7	Para transmutar a inveja	26
Salmo 8	Para obter êxito nos negócios.	28
Salmo 9	Para ajudar adolescentes	29
Salmo 10	Para proteger-se	31
Salmo 11	Para afastar inimigos	33
Salmo 12	Para fortalecer seu organismo	34
Salmo 13	Para aliviar dores	35
Salmo 14	Contra o pânico	36
Salmo 15	Contra a depressão	37
Salmo 16	Para se livrar de assaltos e furtos.	38
Salmo 17	Para combater pensamentos suicidas.	39
Salmo 18	Para pessoas injustiçadas	41
Salmo 19	Para os pais orarem para os filhos	44
Salmo 20	Para obter êxito em julgamentos	46
Salmo 21	Para quem tem problemas de impotência. . .	47
Salmo 22	Para obter êxito na vida.	48

Salmo 23	Para ter dinheiro abundante	50
Salmo 24	Para salvar-se de inundações	51
Salmo 25	Para livrar-se de acidentes	52
Salmo 26	Para livrar-se do sofrimento	54
Salmo 27	Para ser bem-vindo	55
Salmo 28	Contra a asma	57
Salmo 29	Para livrar-se de bruxaria	58
Salmo 30	Para livrar-se de feitiços	59
Salmo 31	Para livrar-se de olho gordo	60
Salmo 32	Para receber a misericórdia	62
Salmo 33	Para os filhos terem bons amigos	63
Salmo 34	Para abrir caminhos....................	65
Salmo 35	Para sucesso em processos profissionais ...	67
Salmo 36	Para afastar energias do mal.............	69
Salmo 37	Para parar de beber (família orar)	70
Salmo 38	Para parar de beber (viciado orar)........	73
Salmo 39	Para não sofrer com desmaios	75
Salmo 40	Para livrar-se de encostos	77
Salmo 41	Para conseguir o emprego desejado	79
Salmo 42	Para pagar o financiamento da casa	80
Salmo 43	Para abençoar a construção de uma casa..	82
Salmo 44	Para combater a urticária	83
Salmo 45	Para a paz conjugal	85
Salmo 46	Para eliminar o ódio....................	87
Salmo 47	Para ter amigos........................	88
Salmo 48	Para vencer os concorrentes	89
Salmo 49	Para combater a febre	90
Salmo 50	Para afastar ladrões de energia	92
Salmo 51	Para esquecer um amor	94
Salmo 52	Para livrar-se de fofocas	96
Salmo 53	Para livrar-se de um obsessor vivo........	97
Salmo 54	Para pedir saúde.......................	98

Salmo 55	Para pedir paz a alguém na prisão........	99
Salmo 56	Para eliminar vícios....................	101
Salmo 57	Para ter êxito nos negócios e em sociedades..	103
Salmo 58	Para ter harmonia com os animais.......	104
Salmo 59	Contra a possessão....................	105
Salmo 60	Para impor respeito....................	107
Salmo 61	Para proteção energética do seu lar......	108
Salmo 62	Para combater dores no estômago........	109
Salmo 63	Para problemas de intestino.............	111
Salmo 64	Para viagens marinhas..................	113
Salmo 65	Para pedir chuva......................	114
Salmo 66	Contra todo tipo de magia..............	116
Salmo 67	Para autoequilíbrio....................	118
Salmo 68	Para livrar-se de magia negra............	119
Salmo 69	Para deixar de invejar os outros..........	122
Salmo 70	Pela proteção de seu país...............	125
Salmo 71	Oração para pedir por um idoso.........	126
Salmo 72	Para não ter medo da pobreza...........	128
Salmo 73	Contra a fobia social...................	130
Salmo 74	Contra qualquer mal mental............	132
Salmo 75	Para ser menos orgulhoso...............	134
Salmo 76	Para perder o medo da água............	135
Salmo 77	Para perder o medo de avião............	136
Salmo 78	Para perder o medo do chefe............	138
Salmo 79	Para eliminar a força dos inimigos.......	142
Salmo 80	Contra doenças de pele.................	144
Salmo 81	Para orar pelo planeta..................	146
Salmo 82	Para obter êxito na profissão............	148
Salmo 83	Para obter êxito em sua missão..........	149
Salmo 84	Contra epidemias......................	151
Salmo 85	Contra mal-entendidos.................	152
Salmo 86	Para pedir bênçãos ao Anjo da Guarda....	153

Salmo 87	Para melhor aceitação da vida	155
Salmo 88	Para tirar a mágoa do seu coração	156
Salmo 89	Para pernas e braços	158
Salmo 90	Para paz física, mental e espiritual	161
Salmo 91	Para ter fé no Divino	163
Salmo 92	Para alcançar um milagre	165
Salmo 93	Contra a hipertensão....................	167
Salmo 94	Para afastar pessoas ruins................	168
Salmo 95	Para ter poder de decisão	170
Salmo 96	Para ter harmonia no lar	171
Salmo 97	Para ter harmonia conjugal...............	172
Salmo 98	Para promover reconciliação	173
Salmo 99	Pela evolução espiritual	174
Salmo 100	Para combater dores na coluna	175
Salmo 101	Para quem tem problemas psicológicos ...	176
Salmo 102	Para ter fertilidade.....................	177
Salmo 103	Para quem sofre de osteoporose	179
Salmo 104	Para neutralizar o mal causado por vizinhos .	181
Salmo 105	Contra cobreiro	183
Salmo 106	Para prevenir doenças contagiosas	186
Salmo 107	Para combater cólicas menstruais.........	189
Salmo 108	Para períodos de mudança de vida	192
Salmo 109	Para dominar situações difíceis	193
Salmo 110	Para ter equilíbrio mental................	195
Salmo 111	Para encontrar sua alma idêntica	196
Salmo 112	Para acreditar em si mesmo.............	197
Salmo 113	Para exorcizar vodu	198
Salmo 114	Para seu negócio prosperar..............	199
Salmo 115	Para falar com Deus	200
Salmo 116	Para evitar uma morte trágica	202
Salmo 117	Para combater calúnias..................	204
Salmo 118	Para ser justo	205

Salmo 119	Contra todos os males.................	207
Salmo 120	Para integração.......................	215
Salmo 121	Para a proteção noturna	216
Salmo 122	Para se sair bem em entrevistas.........	217
Salmo 123	Para ter bons funcionários	218
Salmo 124	Para a proteção dos pescadores..........	219
Salmo 125	Para ter autoconfiança	220
Salmo 126	Para filhos desencarnados	221
Salmo 127	Para a mãe orar pelo filho..............	222
Salmo 128	Para ter um bom parto	223
Salmo 129	Para combater pesadelos ou insônia......	224
Salmo 130	Para melhorar a circulação sanguínea	225
Salmo 131	Para ter humildade	226
Salmo 132	Para melhorar o carma	227
Salmo 133	Pela união familiar....................	229
Salmo 134	Para nosso Mentor nos ajudar	230
Salmo 135	Para energizar oratórios................	231
Salmo 136	Para trazer o bem à sua vida............	233
Salmo 137	Para ter um coração manso	235
Salmo 138	Para ter bom humor...................	236
Salmo 139	Para ter amor no casamento............	237
Salmo 140	Para ir bem nos estudos	239
Salmo 141	Contra dores morais	240
Salmo 142	Contra dores nas pernas................	241
Salmo 143	Contra dores na boca e nos dentes.......	242
Salmo 144	Contra dores nas mãos e nos braços	244
Salmo 145	Para perder o medo de ver espíritos	246
Salmo 146	Para ajudar a cicatrizar feridas..........	248
Salmo 147	Contra picadas de animais..............	249
Salmo 148	Para os bombeiros	251
Salmo 149	Para que um incêndio não se alastre	252
Salmo 150	Gratidão a Deus......................	253

SALMO 1

PARA GESTANTES QUE CORREM RISCO DE ABORTO

Você que está grávida, mas que porventura corre risco de aborto, seja por algum acidente grave, por falta de cuidado com seus hábitos ou mesmo por uma gestação complicada, ore o Salmo 1 diariamente.

(1) Bem-aventurado o homem que não anda segundo o conselho dos ímpios, nem se detém no caminho dos pecadores, nem se assenta na roda dos escarnecedores. (2) Antes tem seu prazer na lei do Senhor, e na sua lei medita de dia e noite. (3) Pois será como a árvore plantada junto a ribeiros de águas, a qual dá o seu fruto no seu tempo; as suas folhas não cairão; e tudo quanto fizer prosperará. (4) Não são assim os ímpios, mas são como a moinha que o vento espalha. (5) Por isso os ímpios não subsistirão no juízo, nem os pecadores na congregação dos justos. (6) Porque o Senhor conhece o caminho dos justos, porém o caminho dos ímpios perecerá.

SALMO 2

PARA MANTER A PAZ NO CORAÇÃO

Se você se martiriza por problemas do passado que já não existem, mas que continuam impedindo seu crescimento pessoal, causando mágoas, ore o Salmo 2 diariamente.

(1) Por que se amotinam os gentios, e os povos imaginam coisas vãs? (2) Os reis da terra se levantam e os governos consultam juntamente contra o Senhor e contra o seu ungido, dizendo: (3) Rompamos as suas ataduras, e sacudamos de nós as suas cordas. (4) Aquele que habita nos céus se rirá; o Senhor zombará deles. (5) Então lhes falará na sua ira, e no seu furor os turbará. (6) Eu, porém, ungi o meu Rei sobre o meu santo monte de Sião. (7) Proclamarei o decreto: o Senhor me disse: Tu és meu Filho, eu hoje te gerei. (8) Pede-me, e eu te darei os gentios por herança, e os fins da terra por possessão. (9) Tu os esmigalharás com uma vara de ferro; tu os despedaçarás como a um vaso de oleiro. (10) Agora, pois, ó reis, sede prudentes; deixai-vos instruir, juízes da terra. (11) Servi ao Senhor com temor, e alegrai-vos com tremor. (12) Beijai o Filho, para que não se ire, e pereçais no caminho; quando em breve se acender a sua ira; bem-aventurados todos aqueles que nele confiam.

SALMO 3

PARA ADQUIRIR PROSPERIDADE FINANCEIRA

Se você não consegue obter êxito em suas tarefas ou se suas atividades são constantemente atrapalhadas por alguém, ore o Salmo 3, às quartas-feiras, para sua prosperidade financeira.

(1) Senhor, como se têm multiplicado os meus adversários! São muitos os que se levantam contra mim. (2) Muitos dizem da minha alma: Não há salvação para ele em Deus. (3) Porém tu, Senhor, és um escudo para mim, a minha glória, e o que exalta a minha cabeça. (4) Com a minha voz clamei ao Senhor, e ouviu-me desde o seu santo monte. (5) Eu me deitei e dormi; acordei, porque o Senhor me sustentou. (6) Não temerei dez milhares de pessoas que se puseram contra mim e me cercam. (7) Levanta-te, Senhor; salva-me, Deus meu; pois feriste a todos os meus inimigos nos queixos; quebraste os dentes aos ímpios. (8) A salvação vem do Senhor; sobre o teu povo seja a tua bênção.

SALMO 4

PARA TOMAR DECISÕES IMPORTANTES

Se você está vivendo um momento delicado e precisa tomar uma decisão importante, seja ela pessoal ou profissional, ore o Salmo 4 pedindo a Deus forças para encarar de frente seus problemas.

(1) Ouve-me quando eu clamo, ó Deus da minha justiça, na angústia me deste largueza; tem misericórdia de mim e ouve a minha oração. (2) Filhos dos homens, até quando convertereis a minha glória em infâmia? Até quando amareis a vaidade e buscareis a mentira? (3) Sabei, pois, que o Senhor separou para si aquele que é piedoso; o Senhor ouvirá quando eu clamar a ele. (4) Perturbai-vos e não pequeis; falai com o vosso coração sobre a vossa cama, e calai-vos. (5) Oferecei sacrifícios de justiça, e confiai no Senhor. (6) Muitos dizem: Quem nos mostrará o bem? Senhor, exalta sobre nós a luz do teu rosto. (7) Puseste alegria no meu coração, mais do que no tempo em que se lhes multiplicam o trigo e o vinho. (8) Em paz me deitarei e dormirei, porque só tu, Senhor, me fazes habitar em segurança.

SALMO 5

PARA TER SUCESSO EM PROCESSOS JUDICIAIS

O Salmo 5 é importante para você que tem algum processo parado na justiça. Para maior rapidez na resolução, ore este salmo todos os dias às quartas-feiras.

(1) Dá ouvidos às minhas palavras, ó Senhor; atende à minha meditação. (2) Atende à voz do meu clamor, Rei meu e Deus meu, pois a ti orarei. (3) Pela manhã ouvirás a minha voz, ó Senhor; pela manhã apresentarei a ti a minha oração, e vigiarei. (4) Porque tu não és um Deus que tenha prazer na iniquidade, nem contigo habitará o mal. (5) Os loucos não pararão à tua vista; odeias a todos os que praticam a maldade. (6) Destruirás aqueles que falam a mentira; o Senhor aborrecerá o homem sanguinário e o fraudulento. (7) Porém eu entrarei em tua casa pela grandeza da tua benignidade; e em teu temor me inclinarei para o teu santo templo. (8) Senhor, guia-me na tua justiça, por causa dos meus inimigos; endireita diante de mim o teu caminho. (9) Porque não há retidão na boca deles; as suas entranhas são verdadeiras maldades, a sua garganta é um sepulcro aberto; lisonjeiam com a sua língua. (10) Declara-os culpados, ó Deus; caiam por seus próprios conselhos; lança-os fora por causa da multidão de suas transgressões, pois se rebelaram contra ti. (11) Porém

alegrem-se todos os que confiam em ti; exultem eternamente, porquanto tu os defendes; e em ti se gloriem os que amam o teu nome. (12) Pois tu, Senhor, abençoarás ao justo; circundá-lo-ás da tua benevolência como de um escudo.

SALMO 6

PARA PROBLEMAS NOS OLHOS

Pessoas com enfermidades nos olhos normalmente não querem enxergar as próprias dificuldades. Saiba que problemas existem para todos e que fugir nunca será a solução. Reúna forças e ouça seu coração. Ore o Salmo 6 diariamente, ao meio-dia.

(1) Senhor, não me repreendas na tua ira, nem me castigues no teu furor. (2) Tem misericórdia de mim, Senhor, porque sou fraco; sara-me, Senhor, porque os meus ossos estão perturbados. (3) Até a minha alma está perturbada; mas tu, Senhor, até quando? (4) Volta-te, Senhor, livra a minha alma; salva-me por tua benignidade. (5) Porque na morte não há lembrança de ti; no sepulcro quem te louvará? (6) Já estou cansado do meu gemido; toda noite faço nadar a minha cama, molho o meu leito com as minhas lágrimas. (7) Já os meus olhos estão consumidos pela mágoa, e têm-se envelhecido por causa de todos os meus inimigos. (8) Apartai-vos de mim todos os que praticais a iniquidade; porque o Senhor já ouviu a voz do meu pranto. (9) O Senhor já ouviu a minha súplica; o Senhor aceitará a minha oração. (10) Envergonhem-se e perturbem-se todos os meus inimigos; tornem atrás e envergonhem-se num momento.

SALMO 7

PARA TRANSMUTAR A INVEJA

Para transmutar a inveja que seus parentes e colegas sentem de você, ore o Salmo 7 diariamente, às quinze horas.

(1) Senhor meu Deus, em ti confio; salva-me de todos os que me perseguem, e livra-me; (2) para que ele não me arrebate a minha alma, como leão, despedaçando-a, sem que haja quem a livre. (3) Senhor meu Deus, se eu fiz isto, se há perversidade nas minhas mãos, (4) se paguei com o mal àquele que tinha paz comigo (antes, livrei ao que me oprimia sem causa), (5) persiga o inimigo a minha alma e alcance-a; calque aos pés a minha vida sobre a terra, e reduza ao pó a minha glória. (6) Levanta-te, Senhor, na tua ira; exalta-te por causa do furor dos meus opressores; e desperta por mim para o juízo que ordenaste. (7) Assim te rodeará o ajuntamento de povos; por causa deles, pois, volta-te para as alturas. (8) O Senhor julgará os povos; julga-me, Senhor, conforme a minha justiça e conforme a integridade que há em mim. (9) Tenha já fim a malícia dos ímpios, mas estabeleça-se o justo; pois tu, ó justo Deus, provas os corações e os rins. (10) O meu escudo é de Deus, que salva os retos de coração. (11) Deus é um juiz justo, um Deus que ira todos os dias. (12) Se o homem não se converter, Deus afiará a sua espada; já tem

armado o seu arco, e está aparelhado. (13) E já para ele preparou armas mortais; e porá em ação as suas setas inflamadas contra os perseguidores. (14) Eis que ele está com dores de perversidade; concebeu trabalhos, e produziu mentiras. (15) Cavou um poço e o fez fundo, e caiu na cova que fez. (16) A sua obra cairá sobre a sua cabeça; e a sua violência descerá sobre a sua própria cabeça. (17) Eu louvarei ao Senhor segundo a sua justiça, e cantarei louvores ao nome do Senhor altíssimo.

SALMO 8

PARA OBTER ÊXITO NOS NEGÓCIOS

Se você ou sua empresa não progride de jeito nenhum, ore o Salmo 8 às segundas-feiras.

(1) Ó Senhor, Senhor nosso, quão admirável é o teu nome em toda a terra, pois puseste a tua glória dos céus! (2) Tu ordenaste força da boca das crianças e dos que mamam, por causa dos teus inimigos, para fazer calar o inimigo e vingador. (3) Quando vejo os teus céus, obra dos teus dedos, a lua e as estrelas que preparaste; (4) que é o homem mortal para que te lembres dele? E o filho do homem, para que o visites? (5) Pois pouco menor o fizeste do que os anjos, e de glória e de honra o coroaste. (6) Fazes com que ele tenha domínio sobre as obras das tuas mãos; tudo puseste debaixo de seus pés: (7) todas as ovelhas e bois, assim como os animais do campo, (8) as aves do céu, e os peixes do mar, tudo o que passa pelas veredas dos mares. (9) Ó Senhor, Senhor nosso, quão admirável é o teu nome sobre toda a terra!

SALMO 9

PARA AJUDAR ADOLESCENTES

Este salmo geralmente é orado pelas mães cujos filhos (sempre homens) estão adoentados tanto física quanto emocionalmente. Às sextas-feiras, ore o Salmo 9 e peça reequilíbrio espiritual para seu filho.

(1) Eu te louvarei, Senhor, com todo o meu coração; contarei todas as tuas maravilhas. (2) Em ti me alegrarei e saltarei de prazer; cantarei louvores ao teu nome, ó Altíssimo; (3) porquanto os meus inimigos retornaram, caíram e pereceram diante da tua face. (4) Pois tu tens sustentado o meu direito e a minha causa; tu te assentaste no tribunal, julgando justamente. (5) Repreendeste as nações, destruíste os ímpios; apagaste o seu nome para sempre e eternamente. (6) Oh! Inimigo! Acabaram-se para sempre as assolações; e tu arrasaste as cidades, e a sua memória pereceu com elas. (7) Mas o Senhor está assentado perpetuamente; já preparou o seu tribunal para julgar. (8) Ele mesmo julgará o mundo com justiça; exercerá juízo sobre povos com retidão. (9) O Senhor será um alto refúgio para o oprimido, um alto refúgio em tempos de angústia. (10) Em ti confiarão os que conhecem o teu nome; porque tu, Senhor, nunca desamparaste os que te buscam. (11) Cantai louvores ao Senhor, que habita em

Sião; anunciai entre os povos os seus feitos. (12) Pois quando inquire derramamento de sangue, lembra-se deles; não se esquece do clamor dos aflitos. (13) Tem misericórdia de mim, Senhor; olha para a minha aflição, causada por aqueles que me odeiam; tu que me levantas das portas da morte. (14) Para que eu conte todos os teus louvores nas portas da filha de Sião, e me alegre na tua salvação. (15) Os gentios enterraram-se na cova que fizeram; na rede que ocultaram ficou preso o seu pé. (16) O Senhor é conhecido pelo juízo que fez; enlaçado foi o ímpio nas obras de suas mãos. (17) Os ímpios serão lançados no inferno, e todas as nações que se esquecem de Deus. (18) Porque o necessitado não será esquecido para sempre, nem a expectação dos pobres será frustrada perpetuamente. (19) Levanta-te, Senhor; não prevaleça o homem; sejam julgados os gentios diante da tua face. (20) Põe-nos em medo, Senhor, para que saibam as nações que são formadas por meros homens.

SALMO 10

PARA PROTEGER-SE

Sua casa pode estar rodeada de energias negativas. Se for magia negra, vodu ou feitiçaria, a residência deverá ser exorcizada. Se forem espíritos obsessores, eles serão doutrinados e levados para o astral. O importante é elevar o padrão vibratório para que tudo saia bem. Ore o Salmo 10 às segundas-feiras.

(1) Por que estás ao longe, Senhor? Por que te escondes em tempos de angústia? (2) Os ímpios, na sua arrogância, perseguem furiosamente o pobre; sejam apanhados nas ciladas que maquinaram. (3) Porque o ímpio gloria-se do desejo da sua alma, bendiz ao avarento, e renuncia ao Senhor. (4) Pela altivez do seu rosto, o ímpio não busca a Deus; todas as suas cogitações são que não há Deus. (5) Os seus caminhos atormentam sempre; os teus juízos estão longe da vista dele, em grande altura, e despreza aos seus inimigos. (6) Diz em seu coração: Não serei abalado; porque nunca me verei na adversidade. (7) A sua boca está cheia de imprecações, de enganos e de astúcia; debaixo da sua língua há malícia e maldade. (8) Põe-se de emboscada nas aldeias; nos lugares ocultos mata o inocente; os seus olhos estão ocultamente fixos sobre o pobre. (9) Arma ciladas no esconderijo, como o leão no seu covil; arma ciladas para roubar o pobre; rouba-o, prendendo-o na sua rede. (10) Encolhe-se, abaixa-se, para que os pobres caiam em

suas fortes garras. (11) Diz em seu coração: Deus esqueceu-se; cobriu o seu rosto, e nunca isto verá. (12) Levanta-te, Senhor. Ó Deus, levanta a tua mão; não te esqueças dos humildes. (13) Por que blasfema o ímpio de Deus? Dizendo no seu coração: Tu não o esquadrinharás? (14) Tu o viste, porque atentas para o trabalho e enfado, para o retribuir com tuas mãos; a ti o pobre se encomenda; tu és o auxílio do órfão. (15) Quebra o braço do ímpio e malvado; busca a sua impiedade, até que nenhuma encontres. (16) O Senhor é Rei eterno; da sua terra perecerão os gentios. (17) Senhor, tu ouviste os desejos dos mansos; confortarás os seus corações; os teus ouvidos estarão abertos para eles; (18) para fazer justiça ao órfão e ao oprimido, a fim de que o homem da terra não prossiga mais em usar da violência.

SALMO 11

PARA AFASTAR INIMIGOS

Se você tem a sensação de que algumas pessoas te perseguem, querem o seu mal e fazem falcatruas com o seu nome, ore o Salmo 11 às quartas-feiras.

(1) No Senhor confio; como dizeis à minha alma: Fugi para a vossa montanha como pássaro? (2) Pois eis que os ímpios armam o arco, põem as flechas na corda, para com elas atirarem, às escuras, aos restos de coração. (3) Se forem destruídos os fundamentos, que poderá fazer o justo? (4) O Senhor está no seu santo templo, o trono do Senhor está nos céus; os seus olhos estão atentos, e as suas pálpebras provam os filhos dos homens. (5) O Senhor prova o justo; porém ao ímpio e ao que ama a violência odeia a sua alma. (6) Sobre os ímpios fará chover laços, fogo, enxofre e vento tempestuoso; isto será a porção do seu copo. (7) Porque o Senhor é justo, e ama a justiça; o seu rosto olha para os retos.

SALMO 12

PARA FORTALECER SEU ORGANISMO

Este salmo é especialmente indicado para pessoas que ficam doentes com facilidade. Para fortalecer seu organismo, ore o Salmo 12 às quartas-feiras.

(1) Salva-nos, Senhor, porque faltam os homens bons; porque são poucos os fiéis entre os filhos dos homens. (2) Cada um fala com falsidade ao seu próximo; falam com lábios lisonjeiros e coração dobrado. (3) O Senhor cortará todos os lábios lisonjeiros e a língua que fala soberbamente. (4) Pois dizem: Com a nossa língua prevaleceremos; são nossos os lábios; quem é senhor sobre nós? (5) Pela opressão dos pobres, pelo gemido dos necessitados me levantarei agora, diz o Senhor; porei a salvo aquele para quem eles assopram. (6) As palavras do Senhor são palavras puras, como prata refinada em fornalha de barro, purificada sete vezes. (7) Tu os guardarás, Senhor; desta geração os livrarás para sempre. (8) Os ímpios andam por toda parte, quando os mais vis dos filhos dos homens são exaltados.

SALMO 13

PARA ALIVIAR DORES

Se você tem alguma dor crônica que nunca vai embora, ore o Salmo 13 às quartas-feiras e transmute-a de vez.

(1) Até quando te esquecerás de mim, Senhor? Para sempre? Até quando esconderás de mim o teu rosto? (2) Até quando consultarei com a minha alma, tendo tristeza no meu coração cada dia? Até quando se exaltará sobre mim o meu inimigo? (3) Atende-me, ouve-me, ó Senhor meu Deus; ilumina os meus olhos para que eu não adormeça na morte; (4) Para que o meu inimigo não diga: Prevaleci contra ele; e os meus adversários não se alegrem, vindo eu a vacilar. (5) Mas eu confio na tua benignidade; na tua salvação se alegrará o meu coração. (6) Cantarei ao Senhor, porquanto me tem feito muito bem.

SALMO 14

CONTRA O PÂNICO

Se você tem medo de tudo e desconfia de todas as pessoas que se aproximam, ore o Salmo 14 todos os dias.

(1) Disse o néscio no seu coração: Não há Deus. Têm-se corrompido, fazem-se abomináveis em suas obras, não há ninguém que faça o bem. (2) O Senhor olhou desde os céus para os filhos dos homens, para ver se havia algum que tivesse entendimento e buscasse a Deus. (3) Desviaram-se todos e juntamente se fizeram imundos: não há quem faça o bem, não há sequer um. (4) Não terão conhecimento os que praticam a iniquidade, os quais comem o meu povo, como se comessem pão, e não invocam ao Senhor? (5) Ali se acharam em grande pavor, porque Deus está na geração dos justos. (6) Vós envergonhais o conselho dos pobres, porquanto o Senhor é o seu refúgio. (7) Oh, se de Sião tivera já vindo a redenção de Israel! Quando o Senhor fizer voltar os cativos do seu povo, se regozijará Jacó e se alegrará Israel.

SALMO 15

CONTRA A DEPRESSÃO

Se você está depressivo e não encontra mais forças para seguir em frente, ore o Salmo 15 diariamente.

(1) Senhor, quem habitará no teu tabernáculo? Quem morará no teu santo monte? (2) Aquele que anda sinceramente, e pratica a justiça, e fala a verdade no seu coração. (3) Aquele que não difama com a sua língua, nem faz mal ao seu próximo, nem aceita nenhum opróbrio contra o seu próximo; (4) a cujos olhos o réprobo é desprezado; mas honra os que temem ao Senhor; aquele que jura com dano seu, e contudo não muda. (5) Aquele que não dá o seu dinheiro com usura, nem recebe peitas contra o inocente. Quem faz isto nunca será abalado.

SALMO 16

PARA SE LIVRAR DE ASSALTOS E FURTOS

Se você teme ser assaltado ou ter algum objeto furtado, ore o Salmo 16 diariamente para se proteger.

(1) Guarda-me, ó Deus, porque em ti confio. (2) A minha alma disse ao Senhor: Tu és o meu Senhor, a minha bondade não chega à tua presença, (3) Mas aos santos que estão na terra, e aos ilustres em quem está todo o meu prazer. (4) As dores se multiplicarão àqueles que fazem oferendas a outro deus; eu não oferecerei as suas libações de sangue, nem tomarei os seus nomes nos meus lábios. (5) O Senhor é a porção da minha herança e do meu cálice; tu sustentas a minha sorte. (6) As linhas caem-me em lugares deliciosos: sim, coube-me uma formosa herança. (7) Louvarei ao Senhor que me aconselhou; até os meus rins me ensinam de noite. (8) Tenho posto o Senhor continuamente diante de mim; por isso que ele está à minha mão direita, nunca vacilarei. (9) Portanto está alegre o meu coração e se regozija a minha glória; também a minha carne repousará segura. (10) Pois não deixarás a minha alma no inferno, nem permitirás que o teu Santo veja corrupção. (11) Far-me-ás ver a vereda da vida; na tua presença há fartura de alegrias; à tua mão direita há delícias perpetuamente.

SALMO 17

PARA COMBATER PENSAMENTOS SUICIDAS

Se você tem pensamentos suicidas, ore o Salmo 17 por 17 dias consecutivos. A vida é muito mais importante do que as dificuldades que enfrentamos.

(1) Ouve, Senhor, a justiça; atende ao meu clamor; dá ouvidos à minha oração, que não é feita com lábios enganosos. (2) Saia a minha sentença de diante do teu rosto; atendam os teus olhos à razão. (3) Provaste o meu coração; visitaste-me de noite; examinaste-me, e nada achaste; propus que a minha boca não transgredirá. (4) Quanto ao trato dos homens, pela palavra dos teus lábios me guardei das veredas do destruidor. (5) Dirige os meus passos nos teus caminhos, para que as minhas pegadas não vacilem. (6) Eu te invoquei, ó Deus, pois me queres ouvir; inclina para mim os teus ouvidos, e escuta as minhas palavras. (7) Faze maravilhosas as tuas beneficências, ó tu que livras aqueles que em ti confiam dos que se levantam contra a tua destra. (8) Guarda-me como à menina do olho; esconde-me debaixo da sombra das tuas asas, (9) dos ímpios que me oprimem, dos meus inimigos mortais que me andam cercando. (10) Na sua gordura se encerram, com a boca falam soberbamente. (11) Têm-nos cercado agora nossos passos; e baixaram os seus olhos para a terra; (12) parecem-se com o leão que deseja arrebatar a sua presa, e com o leãozinho que se põe em

esconderijos. (13) Levanta-te, Senhor, detém-no, derriba-o, livra a minha alma do ímpio, com a tua espada; (14) dos homens com a tua mão, Senhor, dos homens do mundo, cuja porção está nesta vida, e cujo ventre enches do teu tesouro oculto. Estão fartos de filhos e dão os seus sobejos às suas crianças. (15) Quanto a mim, contemplarei a tua face na justiça; eu me satisfarei da tua semelhança quando acordar.

SALMO 18

PARA PESSOAS INJUSTIÇADAS

O Salmo 18 é destinado a você que é um ótimo profissional, mas sofre injustiças por parte dos seus superiores. Ore o Salmo 18 todas as segundas-feiras, antes de iniciar o expediente.

(1) Eu te amarei, ó Senhor, fortaleza minha. (2) O Senhor é o meu rochedo, e o meu lugar forte, e o meu libertador; o meu Deus, a minha fortaleza, em quem confio; o meu escudo, a força da minha salvação, e o meu alto refúgio. (3) Invocarei o nome do Senhor, que é digno de louvor, e ficarei livre dos meus inimigos. (4) Tristezas de morte me cercaram, e torrentes de impiedade me assombraram. (5) Tristezas do inferno me cingiram, laços de morte me surpreenderam. (6) Na angústia invoquei ao Senhor, e clamei ao meu Deus; desde o seu templo ouviu a minha voz, aos seus ouvidos chegou o meu clamor perante a sua face. (7) Então a terra se abalou e tremeu; e os fundamentos dos montes também se moveram e se abalaram, porquanto se indignou. (8) Das suas narinas subiu fumaça, e da sua boca saiu fogo que consumia; carvões se acenderam dele. (9) Abaixou os céus, e desceu, e a escuridão estava debaixo de seus pés. (10) E montou num querubim, e voou; sim, voou sobre as asas do vento. (11) Fez das trevas o seu lugar oculto; o pavilhão que o cercava era a escuridão das águas e as nuvens dos céus. (12) Ao resplendor da sua presença as nuvens se espalharam,

e a saraiva e as brasas de fogo. (13) E o Senhor trovejou nos céus, o Altíssimo levantou a sua voz; e houve saraiva e brasas de fogo. (14) Mandou as suas setas, e as espalhou; multiplicou raios, e os desbaratou. (15) Então foram vistas as profundezas das águas, e foram descobertos os fundamentos do mundo, pela tua repreensão, Senhor, ao sopro das tuas narinas. (16) Enviou desde o alto, e me tomou; tirou-me das muitas águas. (17) Livrou-me do meu inimigo forte e dos que me odiavam, pois eram mais poderosos do que eu. (18) Surpreenderam-me no dia da minha calamidade; mas o Senhor foi o meu amparo. (19) Trouxe-me para um lugar espaçoso; livrou-me, porque tinha prazer em mim. (20) Recompensou-me o Senhor conforme a minha justiça, retribuiu-me conforme a pureza das minhas mãos. (21) Porque guardei os caminhos do Senhor, e não me apartei impiamente do meu Deus. (22) Porque todos os seus juízos estavam diante de mim, e não rejeitei os seus estatutos. (23) Também fui sincero perante ele, e me guardei da minha iniquidade. (24) Assim que me retribuiu o Senhor conforme a minha justiça, conforme a pureza de minhas mãos perante os seus olhos. (25) Com o benigno te mostrarás benigno; e com o homem sincero te mostrarás sincero; (26) com o puro te mostrarás puro; e com o perverso te mostrarás indomável. (27) Porque tu livrarás o povo aflito, e abaterás os olhos altivos. (28) Porque tu acenderás a minha candeia; o Senhor meu Deus iluminará as minhas trevas. (29) Porque contigo entrei pelo meio duma tropa, com o meu Deus saltei uma muralha. (30) O caminho de Deus é perfeito; a palavra do Senhor é provada; é um escudo para todos os que nele confiam. (31) Porque quem é Deus senão o Senhor? E quem é rochedo senão o nosso Deus? (32) Deus é o que me cinge de força e aperfeiçoa o meu caminho. (33) Faz os meus pés como os das cervas, e põe-me nas minhas alturas. (34) Ensina as minhas mãos para a guerra, de sorte que os meus braços quebraram um arco de cobre. (35) Também me deste o escudo da tua salvação;

a tua mão direita me susteve, e a tua mansidão me engrandeceu. (36) Alargaste os meus passos debaixo de mim, de maneira que os meus artelhos não vacilaram. (37) Persegui os meus inimigos, e os alcancei; não voltei senão depois de os ter consumido. (38) Atravessei-os de sorte que não se puderam levantar; caíram debaixo dos meus pés. (39) Pois me cingiste de força para a peleja; fizeste abater debaixo de mim aqueles que contra mim se levantaram. (40) Deste-me também o pescoço dos meus inimigos para que eu pudesse destruir os que me odeiam. (41) Clamaram, mas não houve quem os livrasse; até ao Senhor, mas ele não lhes respondeu. (42) Então os esmiucei como o pó diante do vento; deitei-os fora como a lama das ruas. (43) Livraste-me das contendas do povo, e me fizeste cabeça dos gentios; um povo que não conheci me servirá. (44) Em ouvindo a minha voz, me obedecerão; os estranhos se submeterão a mim. (45) Os estranhos descairão, e terão medo nos seus esconderijos. (46) O Senhor vive; e bendito seja o meu rochedo, e exaltado seja o Deus da minha salvação. (47) É Deus que me vinga inteiramente, e sujeita os povos debaixo de mim; (48) o que me livra de meus inimigos; sim, tu me exaltas sobre os que se levantam contra mim, tu me livras do homem violento. (49) Assim que, ó Senhor, te louvarei entre os gentios, e cantarei louvores ao teu nome, (50) pois engrandece a salvação do seu rei, e usa de benignidade com o seu ungido, com Davi, e com a sua semente para sempre.

SALMO 19

PARA OS PAIS ORAREM PARA OS FILHOS

Ore o Salmo 19 diariamente para que seu filho encontre um caminho certo na vida.

(1) Os céus proclamam a glória de Deus e o firmamento anuncia a obra das suas mãos. (2) Um dia faz declaração a outro dia, e uma noite mostra sabedoria a outra noite. (3) Não há linguagem nem fala onde não se ouça a sua voz. (4) A sua linha se estende por toda a terra, e as suas palavras até ao fim do mundo. Neles pôs uma tenda para o sol, (5) o qual é como um noivo que sai do seu tálamo, e se alegra como um herói, a correr o seu caminho. (6) A sua saída é desde uma extremidade dos céus, e o seu curso até à outra extremidade, e nada se esconde ao seu calor. (7) A lei do Senhor é perfeita, e refrigera a alma; o testemunho do Senhor é fiel, e dá sabedoria aos símplices. (8) Os preceitos do Senhor são retos e alegram o coração; o mandamento do Senhor é puro, e ilumina os olhos. (9) O temor do Senhor é limpo, e permanece eternamente; os juízos do Senhor são verdadeiros e justos juntamente. (10) Mais desejáveis são do que o ouro, sim, do que muito ouro fino; e mais doces do que o mel e o licor dos favos. (11) Também por eles é admoestado o teu servo; e em os guardar há grande recompensa. (12) Quem pode entender os seus erros? Expurga-me tu dos que me são ocultos. (13) Também da soberba guarda o teu servo,

para que se não assenhoreie de mim. Então serei sincero, e ficarei limpo de grande transgressão. (14) Sejam agradáveis as palavras da minha boca e a meditação do meu coração perante a tua face, Senhor, Rocha minha e Redentor meu!

SALMO 20

PARA OBTER ÊXITO EM JULGAMENTOS

Se você vai enfrentar um julgamento e não está confiante quanto ao andamento do processo, ore o Salmo 20 no dia anterior à audiência.

(1) O Senhor te ouça no dia da angústia, o nome do Deus de Jacó te proteja. (2) Envie-te socorro desde o seu santuário, e te sustenha desde Sião. (3) Lembre-se de todas as tuas ofertas, e aceite os teus holocaustos. (4) Conceda-te conforme ao teu coração, e cumpra todo o teu plano. (5) Nós nos alegraremos pela tua salvação, e em nome do nosso Deus arvoraremos pendões; cumpra o Senhor todas as tuas petições. (6) Agora sei que o Senhor salva o seu ungido; ele o ouvirá desde o seu santo céu, com a força salvadora da sua mão direita. (7) Uns confiam em carros e outros em cavalos, mas nós faremos menção do nome do Senhor nosso Deus. (8) Uns encurvam-se e caem, mas nós nos levantamos e estamos de pé. (9) Salva-nos, Senhor; ouça-nos o rei quando clamarmos.

SALMO 21

PARA QUEM TEM PROBLEMAS DE IMPOTÊNCIA

Todo homem que trai bastante tem problemas na próstata. Se você está com problemas de impotência, ame sua companheira, não saia por aí traindo e ore o Salmo 21 todas as quartas-feiras.

(1) O rei se alegra em tua força, Senhor; e na tua salvação grandemente se regozija. (2) Cumpriste-lhe o desejo do seu coração, e não negaste as súplicas dos seus lábios. (3) Pois vais ao seu encontro com as bênçãos de bondade; pões na sua cabeça uma coroa de ouro fino. (4) Vida te pediu, e lhe deste, mesmo longura de dias para sempre e eternamente. (5) Grande é a sua glória pela tua salvação; glória e majestade puseste sobre ele. (6) Pois o abençoaste para sempre; tu o enches de gozo com a tua face. (7) Porque o rei confia no Senhor, e pela misericórdia do Altíssimo nunca vacilará. (8) A tua mão alcançará todos os teus inimigos, a tua mão direita alcançará aqueles que te odeiam. (9) Tu os farás como um forno de fogo no tempo da tua ira; o Senhor os devorará na sua indignação, e o fogo os consumirá. (10) Seu fruto destruirás da terra, e a sua semente dentre os filhos dos homens. (11) Porque intentaram o mal contra ti; maquinaram um ardil, mas não prevalecerão. (12) Assim que tu lhes farás voltar as costas; e com tuas flechas postas nas cordas lhes apontarás ao rosto. (13) Exalta-te, Senhor, na tua força; então cantaremos e louvaremos o teu poder.

SALMO 22

PARA OBTER ÊXITO NA VIDA

Se você encontra dificuldade para obter êxito na vida, ore diariamente o Salmo 22 para encontrar os melhores caminhos.

(1) Deus meu, Deus meu, por que me desamparaste? Por que te alongas do meu auxílio e das palavras do meu bramido? (2) Deus meu, eu clamo de dia, e tu não me ouves; de noite, e não tenho sossego. (3) Porém tu és santo, tu que habitas entre os louvores de Israel. (4) Em ti confiaram nossos pais; confiaram, e tu os livraste. (5) A ti clamaram e escaparam; em ti confiaram, e não foram confundidos. (6) Mas eu sou verme, e não homem, opróbrio dos homens e desprezado do povo. (7) Todos os que me veem zombam de mim, estendem os lábios e meneiam a cabeça, dizendo: (8) confiou no Senhor, que o livre; livre-o, pois nele tem prazer. (9) Mas tu és o que me tiraste do ventre; fizeste-me confiar, estando aos seios de minha mãe. (10) Sobre ti fui lançado desde a madre; tu és o meu Deus desde o ventre de minha mãe. (11) Não te alongues de mim, pois a angústia está perto, e não há quem ajude. (12) Muitos touros me cercaram; fortes touros de Basã me rodearam. (13) Abriram contra mim suas bocas, como um leão que despedaça e que ruge. (14) Como água me derramei, e todos os meus ossos se desconjuntaram; o meu coração é como cera, derreteu-se no meio das minhas entranhas. (15) A minha força se secou como

um caco, e a língua se me pega ao paladar; e me puseste no pó da morte. (16) Pois me rodearam cães; o ajuntamento de malfeitores me cercou, traspassaram-me as mãos e os pés. (17) Poderia contar todos os meus ossos; eles veem e me contemplam. (18) Repartem entre si as minhas vestes, e lançam sortes sobre a minha roupa. (19) Mas tu, Senhor, não te alongues de mim. Força minha, apressa-te em socorrer-me. (20) Livra a minha alma da espada, e a minha predileta da força do cão. (21) Salva-me da boca do leão; sim, ouviste-me, das pontas dos bois selvagens. (22) Então declararei o teu nome aos meus irmãos; louvar-te-ei no meio da congregação. (23) Vós, que temeis ao Senhor, louvai-o; todos vós, semente de Jacó, glorificai-o; e temei-o todos vós, semente de Israel. (24) Porque não desprezou nem abominou a aflição do aflito, nem escondeu dele o seu rosto; antes, quando ele clamou, o ouviu. (25) O meu louvor será de ti na grande congregação; pagarei os meus votos perante os que o temem. (26) Os mansos comerão e se fartarão; louvarão ao Senhor os que o buscam; o vosso coração viverá eternamente. (27) Todos os limites da terra se lembrarão, e se converterão ao Senhor; e todas as famílias das nações adorarão perante a tua face. (28) Porque o reino é do Senhor, e ele domina entre as nações. (29) Todos os que na terra são gordos comerão e adorarão, e todos os que descem ao pó se prostrarão perante ele; e nenhum poderá reter viva a sua alma. (30) Uma semente o servirá; será declarada ao Senhor a cada geração. (31) Chegarão e anunciarão a sua justiça ao povo que nascer, porquanto ele o fez.

SALMO 23

PARA TER DINHEIRO ABUNDANTE

Este Salmo é indicado especialmente para você que deseja ter prosperidade financeira por toda a vida. Ore diariamente o Salmo 23 em casa e no ambiente de trabalho.

(1) O Senhor é o meu pastor, nada me faltará. (2) Deitar-me faz em verdes pastos, guia-me mansamente a águas tranquilas. (3) Refrigera a minha alma; guia-me pelas veredas da justiça, por amor do seu nome. (4) Ainda que eu andasse pelo vale da sombra da morte, não temeria mal algum, porque tu estás comigo; a tua vara e o teu cajado me consolam. (5) Preparas uma mesa perante mim na presença dos meus inimigos, unges a minha cabeça com óleo, o meu cálice transborda. (6) Certamente que a bondade e a misericórdia me seguirão todos os dias da minha vida; e habitarei na casa do Senhor por longos dias.

SALMO 24

PARA SALVAR-SE DE INUNDAÇÕES

Para livrar-se das inundações, ore o Salmo 24 todos os domingos e previna-se contra um possível caos.

(1) Do Senhor é a terra e a sua plenitude, o mundo e aqueles que nele habitam. (2) Porque ele a fundou sobre os mares, e a firmou sobre os rios. (3) Quem subirá ao monte do Senhor, ou quem estará no seu lugar santo? (4) Aquele que é limpo de mãos e puro de coração, que não entrega a sua alma à vaidade, nem jura enganosamente. (5) Este receberá a bênção do Senhor e a justiça do Deus da sua salvação. (6) Esta é a geração daqueles que buscam, daqueles que buscam a tua face, ó Deus de Jacó. (7) Levantai, ó portas, as vossas cabeças; levantai-vos, ó entradas eternas, e entrará o Rei da Glória. (8) Quem é este Rei da Glória? O Senhor forte e poderoso, o Senhor poderoso na guerra. (9) Levantai, ó portas, as vossas cabeças, levantai-vos, ó entradas eternas, e entrará o Rei da Glória. (10) Quem é este Rei da Glória? O Senhor dos Exércitos, ele é o Rei da Glória.

SALMO 25

PARA LIVRAR-SE DE ACIDENTES

O Salmo 25 é destinado a você que está sempre viajando, seja de avião, automóvel, ônibus, caminhão, trem ou qualquer outro meio de transporte. Para livrar-se de acidentes, ore o Salmo 25 antes de viajar.

(1) A ti, Senhor, levanto a minha alma. (2) Deus meu, em ti confio, não me deixes confundido, nem que os meus inimigos triunfem sobre mim. (3) Na verdade, não serão confundidos os que esperam em ti; confundidos serão os que transgridem sem causa. (4) Faze-me saber os teus caminhos, Senhor; ensina-me as tuas veredas. (5) Guia-me na tua verdade, e ensina-me, pois tu és o Deus da minha salvação; por ti estou esperando todo o dia. (6) Lembra-te, Senhor, das tuas misericórdias e das tuas benignidades, porque são desde a eternidade. (7) Não te lembres dos pecados da minha mocidade, nem das minhas transgressões; mas segundo a tua misericórdia, lembra-te de mim, por tua bondade, Senhor. (8) Bom e reto é o Senhor; por isso ensinará o caminho aos pecadores. (9) Guiará os mansos em justiça e aos mansos ensinará o seu caminho. (10) Todas as veredas do Senhor são misericórdia e verdade para aqueles que guardam a sua aliança e os seus testemunhos. (11) Por amor do teu nome, Senhor, perdoa a minha iniquidade, pois é grande. (12) Qual é o homem que teme ao Senhor? Ele o

ensinará no caminho que deve escolher. (13) A sua alma pousará no bem, e a sua semente herdará a terra. (14) O segredo do Senhor é com aqueles que o temem; e ele lhes mostrará a sua aliança. (15) Os meus olhos estão continuamente no Senhor, pois ele tirará os meus pés da rede. (16) Olha para mim, e tem piedade de mim, porque estou solitário e aflito. (17) As ânsias do meu coração se têm multiplicado; tira-me dos meus apertos. (18) Olha para a minha aflição e para a minha dor, e perdoa todos os meus pecados. (19) Olha para os meus inimigos, pois se vão multiplicando e me odeiam com ódio cruel. (20) Guarda a minha alma, e livra-me; não me deixes confundido, porquanto confio em ti. (21) Guardem-me a sinceridade e a retidão, porquanto espero em ti. (22) Redime, ó Deus, a Israel de todas as suas angústias.

SALMO 26

PARA LIVRAR-SE DO SOFRIMENTO

Se você passou por um momento de muito sofrimento e quer esquecê-lo de vez, ore o Salmo 26 antes de dormir até cicatrizar essa ferida no seu coração.

(1) Julga-me, Senhor, pois tenho andado em minha sinceridade; tenho confiado também no Senhor; não vacilarei. (2) Examina-me, Senhor, e prova-me; esquadrinha os meus rins e o meu coração. (3) Porque a tua benignidade está diante dos meus olhos; e tenho andado na tua verdade. (4) Não me tenho assentado com homens vãos, nem converso com os homens dissimulados. (5) Tenho odiado a congregação de malfeitores; nem me ajunto com os ímpios. (6) Lavo as minhas mãos na inocência; e assim andarei, Senhor, ao redor do teu altar. (7) Para publicar com voz de louvor, e contar todas as tuas maravilhas. (8) Senhor, eu tenho amado a habitação da tua casa e o lugar onde permanece a tua glória. (9) Não apanhes a minha alma com os pecadores, nem a minha vida com os homens sanguinolentos, (10) em cujas mãos há malefício, e cuja mão direita está cheia de subornos. (11) Mas eu ando na minha sinceridade; livra-me e tem piedade de mim. (12) O meu pé está posto em caminho plano; nas congregações louvarei ao Senhor.

SALMO 27

PARA SER BEM-VINDO

Se você está mudando de casa, de emprego, de cidade ou mesmo de país, e tem medo de ser mal recebido, ore o Salmo 27 todos os dias.

(1) O Senhor é a minha luz e a minha salvação; a quem temerei? O Senhor é a força da minha vida; de quem me recearei? (2) Quando os malvados, meus adversários e meus inimigos, se chegaram contra mim, para comerem as minhas carnes, tropeçaram e caíram. (3) Ainda que um exército me cercasse, o meu coração não temeria; ainda que a guerra se levantasse contra mim, nisto confiaria. (4) Uma coisa pedi ao Senhor, e a buscarei: que possa morar na casa do Senhor todos os dias da minha vida, para contemplar a formosura do Senhor, e inquirir no seu templo. (5) Porque no dia da adversidade me esconderá no seu pavilhão; no oculto do seu tabernáculo me esconderá; pôr-me-á sobre uma rocha. (6) Também agora a minha cabeça será exaltada sobre os meus inimigos que estão em redor de mim; por isso oferecerei sacrifício de júbilo no seu tabernáculo; cantarei, sim, cantarei louvores ao Senhor. (7) Ouve, Senhor, a minha voz quando clamo; tem também piedade de mim, e responde-me. (8) Quando tu disseste: Buscai o meu rosto; o meu coração disse a ti: O teu rosto, Senhor, buscarei. (9) Não escondas de mim a tua face, não rejeites ao teu servo com

ira; tu foste a minha ajuda, não me deixes nem me desampares, ó Deus da minha salvação. (10) Porque, quando meu pai e minha mãe me desampararem, o Senhor me recolherá. (11) Ensina-me, Senhor, o teu caminho, e guia-me pela vereda direita, por causa dos meus inimigos. (12) Não me entregues à vontade dos meus adversários; pois se levantaram falsas testemunhas contra mim, e os que respiram crueldade. (13) Pereceria sem dúvida, se não cresse que veria a bondade do Senhor na terra dos viventes. (14) Espera no Senhor, anima-te, e ele fortalecerá o teu coração; espera, pois, no Senhor.

SALMO 28

CONTRA A ASMA

Problemas respiratórios estão relacionados à tristeza de viver e à falta de coragem para dar sequência na busca dos seus sonhos. Procure novos ares em busca da sua felicidade e ore sempre o Salmo 28.

(1) A ti clamarei, ó Senhor, Rocha minha; não emudeças para comigo; não aconteça, calando-te tu para comigo, que eu fique semelhante aos que descem ao abismo. (2) Ouve a voz das minhas súplicas, quando a ti clamar, quando levantar as minhas mãos para o teu santo oráculo. (3) Não me arrastes com os ímpios e com os que praticam a iniquidade; que falam de paz ao seu próximo, mas têm mal nos seus corações. (4) Dá-lhes segundo as suas obras e segundo a malícia dos seus esforços; dá-lhes conforme a obra das suas mãos; torna-lhes a sua recompensa. (5) Porquanto não atentam às obras do Senhor, nem à obra das suas mãos; pois que ele os derrubará e não os reedificará. (6) Bendito seja o Senhor, porque ouviu a voz das minhas súplicas. (7) O Senhor é a minha força e o meu escudo; nele confiou o meu coração, e fui socorrido; assim o meu coração salta de prazer, e com o meu canto o louvarei. (8) O Senhor é a força do seu povo; também é a força salvadora do seu ungido. (9) Salva o teu povo, e abençoa a tua herança; e apascenta-os e exalta-os para sempre.

SALMO 29

PARA LIVRAR-SE DE BRUXARIA

Dores nos pés, joelhos e cotovelos, hemorroidas, coceira anal, alergia nas axilas e falência financeira. Todos são sintomas de quem foi vítima de bruxaria. Ore sempre o Salmo 29.

(1) Dai ao Senhor, ó filhos dos poderosos, dai ao Senhor glória e força. (2) Dai ao Senhor a glória devida ao seu nome, adorai o Senhor na beleza da santidade. (3) A voz do Senhor ouve-se sobre as suas águas; o Deus da glória troveja; o Senhor está sobre as muitas águas. (4) A voz do Senhor é poderosa; a voz do Senhor é cheia de majestade. (5) A voz do Senhor quebra os cedros; sim, o Senhor quebra os cedros do Líbano. (6) Ele os faz saltar como um bezerro; ao Líbano e Siriom, como filhotes de bois selvagens. (7) A voz do Senhor separa as labaredas do fogo. (8) A voz do Senhor faz tremer o deserto; o Senhor faz tremer o deserto de Cades. (9) A voz do Senhor faz parir as cervas, e descobre as brenhas; e no seu templo cada um fala da sua glória. (10) O Senhor se assentou sobre o dilúvio; o Senhor se assenta como Rei, perpetuamente. (11) O Senhor dará força ao seu povo; o Senhor abençoará o seu povo com paz.

SALMO 30

PARA LIVRAR-SE DE FEITIÇOS

Pessoas que não querem o seu bem e falam mal de você estão jogando praga. Para livrar-se de feitiços, ore o Salmo 30 com bastante fé.

(1) Exaltar-te-ei, ó Senhor, porque tu me exaltaste; e não fizeste com que meus inimigos se alegrassem sobre mim. (2) Senhor meu Deus, clamei a ti, e tu me saraste. (3) Senhor, fizeste subir a minha alma da sepultura; conservaste-me a vida para que não descesse ao abismo. (4) Cantai ao Senhor, vós que sois seus santos, e celebrai a memória da sua santidade. (5) Porque a sua ira dura só um momento; no seu favor está a vida. O choro pode durar uma noite, mas a alegria vem pela manhã. (6) Eu dizia na minha prosperidade: Não vacilarei jamais. (7) Tu, Senhor, pelo teu favor fizeste forte a minha montanha; tu encobriste o teu rosto, e fiquei perturbado. (8) A ti, Senhor, clamei, e ao Senhor supliquei. (9) Que proveito há no meu sangue, quando desço à cova? Porventura te louvará o pó? Anunciará ele a tua verdade? (10) Ouve, Senhor, e tem piedade de mim, Senhor; sê o meu auxílio. (11) Tornaste o meu pranto em folguedo; desataste o meu pano de saco, e me cingiste de alegria, (12) para que a minha glória a ti cante louvores, e não se cale. Senhor, meu Deus, eu te louvarei para sempre.

SALMO 31

PARA LIVRAR-SE DE OLHO GORDO

Olho gordo é a canalização, através dos olhos, de uma energia interna gerada pelo desejo de possuir o que é dos outros. Para livrar-se de pessoas invejosas, use um terço no bolso esquerdo e ore diariamente o Salmo 31.

(1) Em ti, Senhor, confio; nunca me deixes confundido. Livra-me pela tua justiça. (2) Inclina para mim os teus ouvidos, livra-me depressa; sê a minha firme rocha, uma casa fortíssima que me salve. (3) Porque tu és a minha rocha e a minha fortaleza; assim, por amor do teu nome, guia-me e encaminha-me. (4) Tira-me da rede que para mim esconderam, pois tu és a minha força. (5) Nas tuas mãos encomendo o meu espírito; tu me redimiste, Senhor Deus da verdade. (6) Odeio aqueles que se entregam a vaidades enganosas; eu, porém, confio no Senhor. (7) Eu me alegrarei e regozijarei na tua benignidade, pois consideraste a minha aflição; conheceste a minha alma nas angústias. (8) E não me entregaste nas mãos do inimigo; puseste os meus pés num lugar espaçoso. (9) Tem misericórdia de mim, ó Senhor, porque estou angustiado. Consumidos estão de tristeza os meus olhos, a minha alma e o meu ventre. (10) Porque a minha vida está gasta de tristeza, e os meus anos de suspiros; a minha força descai por causa da minha iniquidade, e os meus ossos se consomem. (11) Fui opróbrio entre todos os

meus inimigos, até entre os meus vizinhos, e horror para os meus conhecidos; os que me viam na rua fugiam de mim. (12) Estou esquecido no coração deles, como um morto; sou como um vaso quebrado. (13) Pois ouvi a murmuração de muitos, temor havia ao redor; enquanto juntamente consultavam contra mim, intentaram tirar-me a vida. (14) Mas eu confiei em ti, Senhor; e disse: Tu és o meu Deus. (15) Os meus tempos estão nas tuas mãos; livra-me das mãos dos meus inimigos e dos que me perseguem. (16) Faze resplandecer o teu rosto sobre o teu servo; salva-me por tuas misericórdias. (17) Não me deixes confundido, Senhor, porque te tenho invocado. Deixa confundidos os ímpios, e emudeçam na sepultura. (18) Emudeçam os lábios mentirosos que falam coisas más com soberba e desprezo contra o justo. (19) Oh! Quão grande é a tua bondade, que guardaste para os que te temem, a qual operaste para aqueles que em ti confiam na presença dos filhos dos homens! (20) Tu os esconderás, no secreto da tua presença, dos desaforos dos homens; encobri-los-ás em um pavilhão, da contenda das línguas. (21) Bendito seja o Senhor, pois fez maravilhosa a sua misericórdia para comigo em cidade segura. (22) Pois eu dizia na minha pressa: Estou cortado de diante dos teus olhos; não obstante, tu ouviste a voz das minhas súplicas, quando eu a ti clamei. (23) Amai ao Senhor, vós todos que sois seus santos; porque o Senhor guarda os fiéis e retribui com abundância ao que usa de soberba. (24) Esforçai-vos, e ele fortalecerá o vosso coração, vós todos que esperais no Senhor.

SALMO 32

PARA RECEBER A MISERICÓRDIA

Se você tem uma mágoa muito grande, ou se sente que uma pessoa ainda não consegue te perdoar por um erro do passado, ore o Salmo 32.

(1) Bem-aventurado aquele cuja transgressão é perdoada, e cujo pecado é coberto. (2) Bem-aventurado o homem a quem o Senhor não imputa maldade, e em cujo espírito não há engano. (3) Quando eu guardei silêncio, envelheceram os meus ossos pelo meu bramido em todo o dia. (4) Porque de dia e de noite a tua mão pesava sobre mim; o meu humor se tornou em sequidão de estio. (5) Confessei-te o meu pecado, e a minha maldade não encobri. Dizia eu: Confessarei ao Senhor as minhas transgressões; e tu perdoaste a maldade do meu pecado. (6) Por isso, todo aquele que é santo orará a ti, a tempo de te poder achar; até no transbordar de muitas águas, estas não lhe chegarão. (7) Tu és o lugar em que me escondo; tu me preservas da angústia; tu me cinges de alegres cantos de livramento. (8) Instruir-te-ei, e ensinar-te-ei o caminho que deves seguir; guiar-te-ei com os meus olhos. (9) Não sejais como o cavalo, nem como a mula, que não têm entendimento, cuja boca precisa de cabresto e freio para que não se cheguem a ti. (10) O ímpio tem muitas dores, mas àquele que confia no Senhor a misericórdia o cercará. (11) Alegrai-vos no Senhor, e regozijai-vos, vós os justos; e cantai alegremente, todos vós que sois retos de coração.

SALMO 33

PARA OS FILHOS TEREM BONS AMIGOS

Se você está preocupada ou preocupado em preservar a vida do seu filho e em não deixar que ele se envolva com pessoas erradas, ore diariamente o Salmo 33.

(1) Regozijai-vos no Senhor, vós justos, pois aos retos convém o louvor. (2) Louvai ao Senhor com harpa, cantai a ele com o saltério e um instrumento de dez cordas. (3) Cantai-lhe um cântico novo; tocai bem e com júbilo. (4) Porque a palavra do Senhor é reta, e todas as suas obras são fiéis. (5) Ele ama a justiça e o juízo; a terra está cheia da bondade do Senhor. (6) Pela palavra do Senhor foram feitos os céus, e todo o exército deles pelo espírito da sua boca. (7) Ele ajunta as águas do mar como num montão; põe os abismos em depósitos. (8) Tema toda a terra ao Senhor; temam-no todos os moradores do mundo. (9) Porque falou, e foi feito; mandou, e logo apareceu. (10) O Senhor desfaz o conselho dos gentios, quebranta os intentos dos povos. (11) O conselho do Senhor permanece para sempre; os intentos do seu coração de geração em geração. (12) Bem-aventurada é a nação cujo Deus é o Senhor, e o povo ao qual escolheu para sua herança. (13) O Senhor olha desde os céus e está vendo a todos os filhos dos homens. (14) Do lugar da sua habitação contempla todos os moradores da terra. (15) Ele é que forma o coração de todos eles, que contempla todas as suas

obras. (16) Não há rei que se salve com a grandeza dum exército, nem o homem valente se livra pela muita força. (17) O cavalo é falaz para a segurança; não livra ninguém com a sua grande força. (18) Eis que os olhos do Senhor estão sobre os que o temem, sobre os que esperam na sua misericórdia; (19) para lhes livrar as almas da morte, e para os conservar vivos na fome. (20) A nossa alma espera no Senhor; ele é o nosso auxílio e o nosso escudo. (21) Pois nele se alegra o nosso coração; porquanto temos confiado no seu santo nome. (22) Seja a tua misericórdia, Senhor, sobre nós, como em ti esperamos.

SALMO 34

PARA ABRIR CAMINHOS

Sabe aquela situação que você não vê a hora de acabar? O processo de divórcio que nunca se resolve, a empresa que não te chama para trabalhar, a filha que não termina com o namorado indesejável... Para que os caminhos se abram, ore o Salmo 34 todos os dias.

(1) Louvarei ao Senhor em todo o tempo; o seu louvor estará continuamente na minha boca. (2) A minha alma se gloriará no Senhor; os mansos o ouvirão e se alegrarão. (3) Engrandecei ao Senhor comigo; e juntos exaltemos o seu nome. (4) Busquei ao Senhor, e ele me respondeu; livrou-me de todos os meus temores. (5) Olharam para ele, e foram iluminados; e os seus rostos não ficaram confundidos. (6) Clamou este pobre, e o Senhor o ouviu, e o salvou de todas as suas angústias. (7) O anjo do Senhor acampa-se ao redor dos que o temem, e os livra. (8) Provai, e vede que o Senhor é bom; bem-aventurado o homem que nele confia. (9) Temei ao Senhor, vós, os seus santos, pois nada falta aos que o temem. (10) Os filhos dos leões necessitam e sofrem fome, mas àqueles que buscam ao Senhor bem nenhum faltará. (11) Vinde, meninos, ouvi-me; eu vos ensinarei o temor do Senhor. (12) Quem é o homem que deseja a vida, que quer largos dias para ver o bem? (13) Guarda a tua língua do mal, e os teus lábios de

falarem o engano. (14) Aparta-te do mal, e faze o bem; procura a paz, e segue-a. (15) Os olhos do Senhor estão sobre os justos, e os seus ouvidos atentos ao seu clamor. (16) A face do Senhor está contra os que fazem o mal, para desarraigar da terra a memória deles. (17) Os justos clamam, e o Senhor os ouve, e os livra de todas as suas angústias. (18) Perto está o Senhor dos que têm o coração quebrantado, e salva os contritos de espírito. (19) Muitas são as aflições do justo, mas o Senhor o livra de todas. (20) Ele lhe guarda todos os seus ossos; nem sequer um deles se quebra. (21) A malícia matará o ímpio, e os que odeiam o justo serão punidos. (22) O Senhor resgata a alma dos seus servos, e nenhum dos que nele confiam será punido.

SALMO 35

PARA SUCESSO EM PROCESSOS PROFISSIONAIS

Se você tem processo na justiça do trabalho e deseja rapidez e sucesso na resolução do caso, ore o Salmo 35 todas as quartas-feiras.

(1) Pleiteia, Senhor, com aqueles que pleiteiam comigo; peleja contra os que pelejam contra mim. (2) Pega do escudo e da rodela, e levanta-te em minha ajuda. (3) Tira da lança e obstrui o caminho aos que me perseguem; dize à minha alma: Eu sou a tua salvação. (4) Sejam confundidos e envergonhados os que buscam a minha vida; voltem atrás e envergonhem-se os que contra mim tentam mal. (5) Sejam como a moinha perante o vento; o anjo do Senhor os faça fugir. (6) Seja o seu caminho tenebroso e escorregadio, e o anjo do Senhor os persiga. (7) Porque sem causa encobriram de mim a rede na cova, a qual sem razão cavaram para a minha alma. (8) Sobrevenha-lhe destruição sem o saber, e prenda-o a rede que ocultou; caia ele nessa mesma destruição. (9) E a minha alma se alegrará no Senhor; alegrar-se-á na sua salvação. (10) Todos os meus ossos dirão: Senhor, quem é como tu, que livras o pobre daquele que é mais forte do que ele? Sim, o pobre e o necessitado daquele que o rouba. (11) Falsas testemunhas se levantaram; depuseram contra mim coisas que eu não sabia. (12) Tornaram-me o mal pelo bem, roubando a minha alma. (13) Mas, quanto a mim, quando estavam enfermos, as minhas vestes eram o saco; humi-

lhava a minha alma com o jejum, e a minha oração voltava para o meu seio. (14) Portava-me como se ele fora meu irmão ou amigo; andava lamentando e muito encurvado, como quem chora por sua mãe. (15) Mas eles com a minha adversidade se alegravam e se congregavam; os abjetos se congregavam contra mim, e eu não o sabia; rasgavam-me, e não cessavam. (16) Com hipócritas zombadores nas festas, rangiam os dentes contra mim. (17) Senhor, até quando verás isto? Resgata a minha alma das suas assolações, e a minha predileta dos leões. (18) Louvar-te-ei na grande congregação; entre muitíssimo povo te celebrarei. (19) Não se alegrem os meus inimigos de mim sem razão, nem acenem com os olhos aqueles que me odeiam sem causa. (20) Pois não falam de paz; antes projetam enganar os quietos da terra. (21) Abrem a boca de par em par contra mim, e dizem: Ah! Ah! os nossos olhos o viram. (22) Tu, Senhor, o tens visto, não te cales; Senhor, não te alongues de mim: (23) Desperta e acorda para o meu julgamento, para a minha causa, Deus meu e Senhor meu. (24) Julga-me segundo a tua justiça, Senhor Deus meu, e não deixes que se alegrem de mim. (25) Não digam em seus corações: Ah! Alma nossa! Não digam: Nós o havemos devorado. (26) Envergonhem-se e confundam-se à uma os que se alegram com o meu mal; vistam-se de vergonha e de confusão os que se engrandecem contra mim. (27) Cantem e alegrem-se os que amam a minha justiça, e digam continuamente: O Senhor seja engrandecido, o qual ama a prosperidade do seu servo. (28) E assim a minha língua falará da tua justiça e do teu louvor todo o dia.

SALMO 36

PARA AFASTAR ENERGIAS DO MAL

Se você só enxerga o lado negativo da vida, atrai o mal para si, mesmo sem saber. Mude seu pensamento e ore o Salmo 36 diariamente para atrair boas energias.

(1) A transgressão do ímpio diz no íntimo do meu coração: Não há temor de Deus perante os seus olhos. (2) Porque em seus olhos se lisonjeia, até que a sua iniquidade se descubra ser detestável. (3) As palavras da sua boca são malícia e engano; deixou de entender e de fazer o bem. (4) Projeta a malícia na sua cama; põe-se no caminho que não é bom; não aborrece o mal. (5) A tua misericórdia, Senhor, está nos céus, e a tua fidelidade chega até às mais excelsas nuvens. (6) A tua justiça é como as grandes montanhas; os teus juízos são um grande abismo. Senhor, tu conservas os homens e os animais. (7) Quão preciosa é, ó Deus, a tua benignidade, pelo que os filhos dos homens se abrigam à sombra das tuas asas. (8) Eles se fartarão da gordura da tua casa, e os farás beber da corrente das tuas delícias; (9) porque em ti está o manancial da vida; na tua luz veremos a luz. (10) Estende a tua benignidade sobre os que te conhecem, e a tua justiça sobre os retos de coração. (11) Não venha sobre mim o pé dos soberbos, e não me mova a mão dos ímpios. (12) Ali caem os que praticam a iniquidade; cairão, e não se poderão levantar.

SALMO 37

PARA PARAR DE BEBER
(para a família orar)

Se você não consegue enfrentar seus problemas por temer a realidade, tem grandes chances de se tornar um alcoólatra e beber para fugir de suas responsabilidades. Para largar esse vício, ore o Salmo 37 às segundas e sextas-feiras.

(1) Não te indignes por causa dos malfeitores, nem tenhas inveja dos que praticam a iniquidade. (2) Porque cedo serão ceifados como a erva, e murcharão como a verdura. (3) Confia no Senhor e faze o bem; habitarás na terra, e verdadeiramente serás alimentado. (4) Deleita-te também no Senhor, e te concederá os desejos do teu coração. (5) Entrega o teu caminho ao Senhor; confia nele, e ele o fará. (6) E ele fará sobressair a tua justiça como a luz, e o teu juízo como o meio-dia. (7) Descansa no Senhor, e espera nele; não te indignes por causa daquele que prospera em seu caminho, por causa do homem que executa astutos intentos. (8) Deixa a ira, e abandona o furor; não te indignes de forma alguma para fazer o mal. (9) Porque os malfeitores serão desarraigados; mas aqueles que esperam no Senhor herdarão a terra. (10) Pois ainda um pouco, e o ímpio não existirá; olharás para o seu lugar, e não aparecerá. (11) Mas os mansos herdarão a terra, e se deleitarão na abundância de paz. (12) O ímpio maquina contra o justo, e contra ele range os dentes. (13) O Senhor se rirá dele, pois vê que vem

chegando o seu dia. (14) Os ímpios puxaram da espada e armaram o arco, para derrubarem o pobre e necessitado, e para matarem os de reta conduta. (15) Porém a sua espada lhes entrará no coração, e os seus arcos se quebrarão. (16) Vale mais o pouco que tem o justo, do que as riquezas de muitos ímpios. (17) Pois os braços dos ímpios se quebrarão, mas o Senhor sustém os justos. (18) O Senhor conhece os dias dos retos, e a sua herança permanecerá para sempre. (19) Não serão envergonhados nos dias maus, e nos dias de fome se fartarão. (20) Mas os ímpios perecerão, e os inimigos do Senhor serão como a gordura dos cordeiros; desaparecerão, e em fumaça se desfarão. (21) O ímpio toma emprestado, e não paga; mas o justo se compadece e dá. (22) Porque aqueles que ele abençoa herdarão a terra, e aqueles que forem por ele amaldiçoados serão desarraigados. (23) Os passos de um homem bom são confirmados pelo Senhor, e deleita-se no seu caminho. (24) Ainda que caia, não ficará prostrado, pois o Senhor o sustém com a sua mão. (25) Fui moço, e agora sou velho; mas nunca vi desamparado o justo, nem a sua semente a mendigar o pão. (26) Compadece-se sempre, e empresta, e a sua semente é abençoada. (27) Aparta-te do mal e faze o bem; e terás morada para sempre. (28) Porque o Senhor ama o juízo e não desampara os seus santos; eles são preservados para sempre; mas a semente dos ímpios será desarraigada. (29) Os justos herdarão a terra e habitarão nela para sempre. (30) A boca do justo fala a sabedoria; a sua língua fala do juízo. (31) A lei do seu Deus está em seu coração; os seus passos não resvalarão. (32) O ímpio espreita ao justo, e procura matá-lo. (33) O Senhor não o deixará em suas mãos, nem o condenará quando for julgado. (34) Espera no Senhor, e guarda o seu caminho, e te exaltará para herdares a terra; tu o verás quando os ímpios forem desarraigados. (35) Vi o ímpio com grande poder espalhar-se como a árvore verde na terra natal. (36) Mas passou e já não aparece; procurei-o, mas não se pôde encontrar. (37) Nota o homem sincero, e considera o reto, porque o fim desse homem é a paz. (38) Quanto aos transgressores, serão à uma destruídos, e as relíquias dos ímpios serão destruídas. (39) Mas a salvação dos justos vem do Senhor; ele é a sua fortaleza no tempo da angústia. (40) E o Senhor os ajudará e os livrará; ele os livrará dos ímpios e os salvará, porquanto confiam nele.

SALMO 38

PARA PARAR DE BEBER
(para o viciado orar)

Se você não é alcoólatra, mas bebe sem responsabilidade durante os eventos sociais, ore o Salmo 38 às segundas e quartas-feiras.

(1) Ó Senhor, não me repreendas na tua ira, nem me castigues no teu furor. (2) Porque as tuas flechas se cravaram em mim, e a tua mão sobre mim desceu. (3) Não há coisa sã na minha carne, por causa da tua cólera; nem há paz em meus ossos, por causa do meu pecado. (4) Pois já as minhas iniquidades ultrapassam a minha cabeça; como carga pesada são demais para as minhas forças. (5) As minhas chagas cheiram mal e estão corruptas, por causa da minha loucura. (6) Estou encurvado, estou muito abatido, ando lamentando todo o dia. (7) Porque as minhas ilhargas estão cheias de ardor, e não há coisa sã na minha carne. (8) Estou fraco e mui quebrantado; tenho rugido pela inquietação do meu coração. (9) Senhor, diante de ti está todo o meu desejo, e o meu gemido não te é oculto. (10) O meu coração dá voltas, a minha força me falta; quanto à luz dos meus olhos, ela me deixou. (11) Os meus amigos e os meus companheiros estão ao longe da minha chaga; e os meus parentes se põem a distância. (12) Também os que buscam a minha vida me armam laços e os que procuram o meu mal falam coisas que danificam, e imaginam astúcias todo o dia. (13) Mas eu, como surdo, não ouvia, e era como mudo, que não abre a boca.

(14) Assim eu sou como homem que não ouve, e em cuja boca não há reprovação. (15) Porque em ti, Senhor, espero; tu, Senhor meu Deus, me ouvirás. (16) Porque dizia eu: Ouve-me, para que não se alegrem de mim. Quando escorrega o meu pé, eles se engrandecem contra mim. (17) Porque estou prestes a coxear; a minha dor está constantemente perante mim. (18) Porque eu declararei a minha iniquidade; afligir-me-ei por causa do meu pecado. (19) Mas os meus inimigos estão vivos e são fortes, e os que sem causa me odeiam se multiplicam. (20) Os que dão mal pelo bem são meus adversários, porquanto eu sigo o que é bom. (21) Não me desampares, Senhor, meu Deus, não te alongues de mim. (22) Apressa-te em meu auxílio, Senhor, minha salvação.

SALMO 39

PARA NÃO SOFRER COM DESMAIOS

Se você desmaia com facilidade, ore o Salmo 39 sempre ao acordar. Esta oração o deixará mais forte.

(1) Eu disse: Guardarei os meus caminhos para não pecar com a minha língua; guardarei a boca com um freio, enquanto o ímpio estiver diante de mim. (2) Com o silêncio fiquei mudo; calava-me mesmo acerca do bem, e a minha dor se agravou. (3) Esquentou-se-me o coração dentro de mim; enquanto eu meditava se acendeu um fogo; então falei com a minha língua: (4) Faze-me conhecer, Senhor, o meu fim, e a medida dos meus dias qual é, para que eu sinta quanto sou frágil. (5) Eis que fizeste os meus dias como a palmos; o tempo da minha vida é como nada diante de ti; na verdade, todo homem, por mais firme que esteja, é totalmente vaidade. (6) Na verdade, todo homem anda numa vã aparência; na verdade, em vão se inquietam; amontoam riquezas, e não sabem quem as levará. (7) Agora, pois, Senhor, que espero eu? A minha esperança está em ti. (8) Livra-me de todas as minhas transgressões; não me faças o opróbrio dos loucos. (9) Emudeci; não abro a minha boca, porquanto tu o fizeste. (10) Tira de sobre mim a tua praga; estou desfalecido pelo golpe da tua mão. (11) Quando castigas o homem, com repreensões por causa da iniquidade, fazes com que a sua beleza se consuma como a traça;

assim todo homem é vaidade. (12) Ouve, Senhor, a minha oração, e inclina os teus ouvidos ao meu clamor; não te cales perante as minhas lágrimas, porque sou um estrangeiro contigo e peregrino, como todos os meus pais. (13) Poupa-me, até que tome alento, antes que me vá, e não seja mais.

SALMO 40

PARA LIVRAR-SE DE ENCOSTOS

Este salmo serve para você se proteger de entidades negativas (encostos), que podem levá-lo à perturbação e até a loucura. Proteja-se orando o Salmo 40.

(1) Esperei com paciência no Senhor, e ele se inclinou para mim, e ouviu o meu clamor. (2) Tirou-me dum lago horrível, dum charco de lodo, pôs os meus pés sobre uma rocha, firmou os meus passos. (3) E pôs um novo cântico na minha boca, um hino ao nosso Deus; muitos o verão, e temerão, e confiarão no Senhor. (4) Bem-aventurado o homem que põe no Senhor a sua confiança, e que não respeita os soberbos nem os que se desviam para a mentira. (5) Muitas são, Senhor meu Deus, as maravilhas que tens operado para conosco, e os teus pensamentos não se podem contar diante de ti; se eu os quisera anunciar, e deles falar, são mais do que se podem contar. (6) Sacrifício e oferta não quiseste; os meus ouvidos abriste; holocausto e expiação pelo pecado não reclamaste. (7) Então disse: Eis aqui venho; no rolo do livro de mim está escrito. (8) Deleito-me em fazer a tua vontade, ó Deus meu; sim, a tua lei está dentro do meu coração. (9) Preguei a justiça na grande congregação; eis que não retive os meus lábios, Senhor, tu o sabes. (10) Não escondi a tua justiça dentro do meu coração; apregoei a tua fidelidade e a tua salvação. Não escondi da grande congregação

a tua benignidade e a tua verdade. (11) Não retires de mim, Senhor, as tuas misericórdias; guardem-me continuamente a tua benignidade e a tua verdade. (12) Porque males sem número me têm rodeado; as minhas iniquidades me prenderam de modo que não posso olhar para cima. São mais numerosas do que os cabelos da minha cabeça; assim desfalece o meu coração. (13) Digna-te, Senhor, livrar-me: Senhor, apressa-te em meu auxílio. (14) Sejam à uma confundidos e envergonhados os que buscam a minha vida para destruí-la; tornem atrás e confundam-se os que me querem mal. (15) Desolados sejam em pago da sua afronta os que me dizem: Ah! Ah! (16) Folguem e alegrem-se em ti os que te buscam; digam constantemente os que amam a tua salvação: Magnificado seja o Senhor. (17) Mas eu sou pobre e necessitado; contudo o Senhor cuida de mim. Tu és o meu auxílio e o meu libertador; não te detenhas, ó meu Deus.

SALMO 41

PARA CONSEGUIR O EMPREGO DESEJADO

Se você é competente e qualificado, mas não consegue um emprego, ore o Salmo 41 às terças-feiras.

(1) Bem-aventurado é aquele que atende ao pobre; o Senhor o livrará no dia do mal. (2) O Senhor o livrará, e o conservará em vida; será abençoado na terra, e tu não o entregarás à vontade de seus inimigos. (3) O Senhor o sustentará no leito da enfermidade; tu o restaurarás da sua cama de doença. (4) Dizia eu: Senhor, tem piedade de mim; sara a minha alma, porque pequei contra ti. (5) Os meus inimigos falam mal de mim, dizendo: Quando morrerá ele, e perecerá o seu nome? (6) E, se algum deles vem me ver, fala coisas vãs; no seu coração amontoa a maldade; saindo para fora, é disso que fala. (7) Todos os que me odeiam murmuram à uma contra mim; contra mim imaginam o mal, dizendo: (8) Uma doença má se lhe tem apegado; e agora que está deitado, não se levantará mais. (9) Até o meu próprio amigo íntimo, em quem eu tanto confiava, que comia do meu pão, levantou contra mim o seu calcanhar. (10) Porém tu, Senhor, tem piedade de mim, e levanta-me, para que eu lhes dê o pago. (11) Por isto conheço eu que tu me favoreces: que o meu inimigo não triunfa de mim. (12) Quanto a mim, tu me sustentas na minha sinceridade, e me puseste diante da tua face para sempre. (13) Bendito seja o Senhor Deus de Israel de século em século. Amém e Amém.

SALMO 42

PARA PAGAR O FINANCIAMENTO DA CASA

Se você corre o risco de perder sua casa, ore diariamente o Salmo 42.

(1) Assim como o cervo brama pelas correntes das águas, assim suspira a minha alma por ti, ó Deus! (2) A minha alma tem sede de Deus, do Deus vivo; quando entrarei e me apresentarei ante a face de Deus? (3) As minhas lágrimas servem-me de mantimento de dia e de noite, enquanto me dizem constantemente: Onde está o teu Deus? (4) Quando me lembro disto, dentro de mim derramo a minha alma; pois eu havia ido com a multidão. Fui com eles à casa de Deus, com voz de alegria e louvor, com a multidão que festejava. (5) Por que estás abatida, ó minha alma, e por que te perturbas em mim? Espera em Deus, pois ainda o louvarei pela salvação da sua face. (6) Ó meu Deus, dentro de mim a minha alma está abatida; por isso lembro-me de ti desde a terra do Jordão, e desde os hermonitas, desde o pequeno monte. (7) Um abismo chama outro abismo, ao ruído das tuas catadupas; todas as tuas ondas e as tuas vagas têm passado sobre mim. (8) Contudo o Senhor mandará a sua misericórdia de dia, e de noite a sua canção estará comigo, uma oração ao Deus da minha vida. (9) Direi a Deus, minha rocha: Por que te esqueceste de mim? Por que ando lamentando por causa da opressão do inimigo?

(10) Com ferida mortal em meus ossos me afrontam os meus adversários, quando todo dia me dizem: Onde está o teu Deus? (11) Por que estás abatida, ó minha alma, e por que te perturbas dentro de mim? Espera em Deus, pois ainda o louvarei, o qual é a salvação da minha face, e o meu Deus.

SALMO 43

PARA ABENÇOAR A CONSTRUÇÃO DE UMA CASA

Para abençoar uma casa que está sendo construída, ore o Salmo 43 e peça que somente boas energias a habitem.

(1) Faze-me justiça, ó Deus, e pleiteia a minha causa contra a nação ímpia. Livra-me do homem fraudulento e injusto. (2) Pois tu és o Deus da minha fortaleza; por que me rejeitas? Por que ando lamentando por causa da opressão do inimigo? (3) Envia a tua luz e a tua verdade, para que me guiem e me levem ao teu santo monte, e aos teus tabernáculos. (4) Então irei ao altar de Deus, a Deus, que é a minha grande alegria, e com harpa te louvarei, ó Deus, Deus meu. (5) Por que estás abatida, ó minha alma? E por que te perturbas dentro de mim? Espera em Deus, pois ainda o louvarei, o qual é a salvação da minha face e Deus meu.

SALMO 44

PARA COMBATER A URTICÁRIA

Urticária é um sinal de que devemos perdoar sempre e de que nunca podemos julgar ninguém pelos seus atos. Ore o Salmo 44 diariamente e esqueça o que passou.

(1) Ó Deus, nós ouvimos com os nossos ouvidos, e nossos pais nos têm contado a obra que fizeste em seus dias, nos tempos da antiguidade. (2) Como expulsaste os gentios com a tua mão e os plantaste a eles; como afligiste os povos e os derrubaste. (3) Pois não conquistaram a terra pela sua espada, nem o seu braço os salvou, mas a tua destra e o teu braço, e a luz da tua face, porquanto te agradaste deles. (4) Tu és o meu Rei, ó Deus; ordena salvações para Jacó. (5) Por ti venceremos os nossos inimigos; pelo teu nome pisaremos os que se levantam contra nós. (6) Pois eu não confiarei no meu arco, nem a minha espada me salvará. (7) Mas tu nos salvaste dos nossos inimigos, e confundiste os que nos odiavam. (8) Em Deus nos gloriamos todo o dia, e louvamos o teu nome eternamente. (9) Mas agora tu nos rejeitaste e nos confundiste, e não sais com os nossos exércitos. (10) Tu nos fazes retirar do inimigo, e aqueles que nos odeiam nos saqueiam para si. (11) Tu nos entregaste como ovelhas para comer, e nos espalhaste entre os gentios. (12) Tu vendes por nada o teu povo, e não aumentas a tua riqueza com o seu preço. (13) Tu nos pões por opróbrio

aos nossos vizinhos, por escárnio e zombaria daqueles que estão à roda de nós. (14) Tu nos pões por provérbio entre os gentios, por movimento de cabeça entre os povos. (15) A minha confusão está constantemente diante de mim, e a vergonha do meu rosto me cobre, (16) à voz daquele que afronta e blasfema, por causa do inimigo e do vingador. (17) Tudo isto nos sobreveio; contudo não nos esquecemos de ti, nem nos houvemos falsamente contra a tua aliança. (18) O nosso coração não voltou atrás, nem os nossos passos se desviaram das tuas veredas; (19) ainda que nos quebrantaste num lugar de dragões, e nos cobriste com a sombra da morte. (20) Se nós esquecemos o nome do nosso Deus, e estendemos as nossas mãos para um deus estranho, (21) porventura não esquadrinhará Deus isso? Pois ele sabe os segredos do coração. (22) Sim, por amor de ti, somos mortos todo o dia; somos reputados como ovelhas para o matadouro. (23) Desperta, por que dormes, Senhor? Acorda, não nos rejeites para sempre. (24) Por que escondes a tua face, e te esqueces da nossa miséria e da nossa opressão? (25) Pois a nossa alma está abatida até ao pó; o nosso ventre se apega à terra. (26) Levanta-te em nosso auxílio, e resgata-nos por amor das tuas misericórdias.

SALMO 45

PARA A PAZ CONJUGAL

Seu casamento não está legal? Esqueça as influências externas, procure conversar com seu companheiro ou companheira e ore o Salmo 45 diariamente antes de dormir.

(1) O meu coração ferve com palavras boas, falo do que tenho feito no tocante ao Rei. A minha língua é a pena de um destro escritor. (2) Tu és mais formoso do que os filhos dos homens; a graça se derramou em teus lábios; por isso Deus te abençoou para sempre. (3) Cinge a tua espada à coxa, ó valente, com a tua glória e a tua majestade. (4) E neste teu esplendor cavalga prosperamente, por causa da verdade, da mansidão e da justiça; e a tua destra te ensinará coisas terríveis. (5) As tuas flechas são agudas no coração dos inimigos do rei, e por elas os povos caírem debaixo de ti. (6) O teu trono, ó Deus, é eterno e perpétuo; o cetro do teu reino é um cetro de equidade. (7) Tu amas a justiça e odeias a impiedade; por isso Deus, o teu Deus, te ungiu com óleo de alegria mais do que a teus companheiros. (8) Todas as tuas vestes cheiram a mirra e aloés e cássia, desde os palácios de marfim de onde te alegram. (9) As filhas dos reis estavam entre as tuas ilustres mulheres; à tua direita estava a rainha ornada de finíssimo ouro de Ofir. (10) Ouve, filha, e olha, e inclina os teus ouvidos; esquece-te do teu povo e da casa do teu pai. (11) Então o rei se afeiçoará da tua formosura,

pois ele é teu Senhor; adora-o. (12) E a filha de Tiro estará ali com presentes; os ricos do povo suplicarão o teu favor. (13) A filha do rei é toda ilustre lá dentro; o seu vestido é entretecido de ouro. (14) Levá-la-ão ao rei com vestidos bordados; as virgens que a acompanham a trarão a ti. (15) Com alegria e regozijo as trarão; elas entrarão no palácio do rei. (16) Em lugar de teus pais estarão teus filhos; deles farás príncipes sobre toda a terra. (17) Farei lembrado o teu nome de geração em geração; por isso os povos te louvarão eternamente.

SALMO 46

PARA ELIMINAR O ÓDIO

Se você não consegue perdoar alguém por um erro cometido no passado, ore o Salmo 46 diariamente.

(1) Deus é o nosso refúgio e fortaleza, socorro bem presente na angústia. (2) Portanto não temeremos, ainda que a terra se mude, e ainda que os montes se transportem para o meio dos mares. (3) Ainda que as águas rujam e se perturbem, ainda que os montes se abalem pela sua braveza. (4) Há um rio cujas correntes alegram a cidade de Deus, o santuário das moradas do Altíssimo. (5) Deus está no meio dela; não se abalará. Deus a ajudará, já ao romper da manhã. (6) Os gentios se embraveceram; os reinos se moveram; ele levantou a sua voz e a terra se derreteu. (7) O Senhor dos Exércitos está conosco; o Deus de Jacó é o nosso refúgio. (8) Vinde, contemplai as obras do Senhor; que desolações tem feito na terra! (9) Ele faz cessar as guerras até ao fim da terra; quebra o arco e corta a lança; queima os carros no fogo. (10) Aquietai-vos, e sabei que eu sou Deus; serei exaltado entre os gentios; serei exaltado sobre a terra. (11) O Senhor dos Exércitos está conosco; o Deus de Jacó é o nosso refúgio.

SALMO 47

PARA TER AMIGOS

A solidão é um dos grandes males da humanidade. Se você está se sentindo solitário, carente de amor e de atenção, cuide da cabeça e procure fazer o bem para as pessoas. Ore o Salmo 47 todas as vezes que se sentir sozinho.

(1) Batei palmas, todos os povos; aclamai a Deus com voz de triunfo. (2) Porque o Senhor Altíssimo é tremendo, e Rei grande sobre toda a terra. (3) Ele nos subjugará os povos e as nações debaixo dos nossos pés. (4) Escolherá para nós a nossa herança, a glória de Jacó, a quem amou. (5) Deus subiu com júbilo, o Senhor subiu ao som de trombeta. (6) Cantai louvores a Deus, cantai louvores; cantai louvores ao nosso Rei, cantai louvores. (7) Pois Deus é o Rei de toda a terra, cantai louvores com inteligência. (8) Deus reina sobre os gentios; Deus se assenta sobre o trono da sua santidade. (9) Os príncipes do povo se ajuntam, o povo do Deus de Abraão; porque os escudos da terra são de Deus. Ele está muito elevado!

SALMO 48

PARA VENCER OS CONCORRENTES

Para toda disputa, você precisa estar forte. O importante é acreditar no seu potencial e encarar seus adversários de frente. Olhe sempre para o rival por meio da terceira visão (entre os dois olhos) e ore o Salmo 48 antes de qualquer competição.

(1) Grande é o Senhor e mui digno de louvor, na cidade do nosso Deus, no seu monte santo. (2) Formoso de sítio, e alegria de toda a terra é o monte Sião sobre os lados do norte, a cidade do grande Rei. (3) Deus é conhecido nos seus palácios por um alto refúgio. (4) Porque eis que os reis se ajuntaram; eles passaram juntos. (5) Viram-no e ficaram maravilhados; ficaram assombrados e se apressaram em fugir. (6) Tremor ali os tomou, e dores como de mulher de parto. (7) Tu quebras as naus de Társis com um vento oriental. (8) Como o ouvimos, assim o vimos na cidade do Senhor dos Exércitos, na cidade do nosso Deus. Deus a confirmará para sempre. (9) Lembramo-nos, ó Deus, da tua benignidade, no meio do teu templo. (10) Segundo é o teu nome, ó Deus, assim é o teu louvor, até aos fins da terra; a tua mão direita está cheia de justiça. (11) Alegre-se o monte de Sião; alegrem-se as filhas de Judá por causa dos teus juízos. (12) Rodeai Sião, e cercai-a, contai as suas torres. (13) Marcai bem os seus antemuros, considerai os seus palácios, para que o conteis à geração seguinte. (14) Porque este Deus é o nosso Deus para sempre; ele será nosso guia até à morte.

SALMO 49

PARA COMBATER A FEBRE

Se seu filho está com febre alta, ore o Salmo 49 e procure um médico.

(1) Ouvi isto, vós todos os povos; inclinai os ouvidos, todos os moradores do mundo, (2) tanto baixos como altos, tanto ricos como pobres. (3) A minha boca falará de sabedoria, e a meditação do meu coração será de entendimento. (4) Inclinarei os meus ouvidos a uma parábola; declararei o meu enigma na harpa. (5) Por que temerei eu nos dias maus, quando me cercar a iniquidade dos que me armam ciladas? (6) Aqueles que confiam na sua fazenda, e se gloriam na multidão das suas riquezas, (7) nenhum deles de modo algum pode remir a seu irmão, ou dar a Deus o resgate dele. (8) (Pois a redenção da sua alma é caríssima, e cessará para sempre), (9) para que viva para sempre, e não veja corrupção. (10) Porque ele vê que os sábios morrem; pereçam igualmente tanto o louco como o brutal, e deixam a outros os seus bens. (11) O seu pensamento interior é que as suas casas serão perpétuas e as suas habitações de geração em geração; dão às suas terras os seus próprios nomes. (12) Todavia o homem que está em honra não permanece; antes é como os animais, que perecem. (13) Este caminho deles é a sua loucura; contudo a sua posteridade aprova as suas palavras. (14) Como ovelhas são postos na sepultura; a

morte se alimentará deles e os retos terão domínio sobre eles na manhã, e a sua formosura se consumirá na sepultura, a habitação deles. (15) Mas Deus remirá a minha alma do poder da sepultura, pois me receberá. (16) Não temas, quando alguém se enriquece, quando a glória da sua casa se engrandece. (17) Porque, quando morrer, nada levará consigo, nem a sua glória o acompanhará. (18) Ainda que na sua vida ele bendisse a sua alma; e os homens te louvarão, quando fizeres bem a ti mesmo, (19) irá para a geração de seus pais; eles nunca verão a luz. (20) O homem que está em honra, e não tem entendimento, é semelhante aos animais, que perecem.

SALMO 50

PARA AFASTAR LADRÕES DE ENERGIA

Se você se sente cansado, sugado energeticamente e sem forças para realizar nada, você pode ser vítima de vampiros energéticos. Para o seu reestabelecimento, ore o Salmo 50 sempre que sentir necessidade.

(1) O Deus poderoso, o Senhor, falou e chamou a terra desde o nascimento do sol até ao seu ocaso. (2) Desde Sião, a perfeição da formosura, resplandeceu Deus. (3) Virá o nosso Deus, e não se calará; um fogo se irá consumindo diante dele, e haverá grande tormenta ao redor dele. (4) Chamará os céus lá do alto, e a terra, para julgar o seu povo. (5) Ajuntai-me os meus santos, aqueles que fizeram comigo uma aliança com sacrifícios. (6) E os céus anunciarão a sua justiça; pois Deus mesmo é o Juiz. (7) Ouve, povo meu, e eu falarei; ó Israel, e eu protestarei contra ti: Sou Deus, sou o teu Deus. (8) Não te repreenderei pelos teus sacrifícios, ou holocaustos, que estão continuamente perante mim. (9) Da tua casa não tirarei bezerro, nem bodes dos teus currais. (10) Porque meu é todo animal da selva, e o gado sobre milhares de montanhas. (11) Conheço todas as aves dos montes; e minhas são todas as feras do campo. (12) Se eu tivesse fome, não to diria, pois meu é o mundo e toda a sua plenitude. (13) Comerei eu carne de touros? Ou beberei sangue de bodes? (14) Oferece a Deus sacrifício de louvor, e

paga ao Altíssimo os teus votos. (15) E invoca-me no dia da angústia; eu te livrarei, e tu me glorificarás. (16) Mas ao ímpio diz Deus: Que fazes tu em recitar os meus estatutos, e em tomar a minha aliança na tua boca? (17) Visto que odeias a correção, e lanças as minhas palavras para detrás de ti. (18) Quando vês o ladrão, consentes com ele, e tens a tua parte com adúlteros. (19) Soltas a tua boca para o mal, e a tua língua compõe o engano. (20) Assentas-te a falar contra teu irmão; falas mal contra o filho de tua mãe. (21) Estas coisas tens feito, e eu me calei; pensavas que era tal como tu, mas eu te arguirei, e as porei por ordem diante dos teus olhos: (22) Ouvi pois isto, vós que vos esqueceis de Deus; para que eu vos não faça em pedaços, sem haver quem vos livre. (23) Aquele que oferece o sacrifício de louvor me glorificará; e àquele que bem ordena o seu caminho eu mostrarei a salvação de Deus.

SALMO 51

PARA ESQUECER UM AMOR

Aquela paixão arrebatadora te pegou? Você só pensa na pessoa amada, mas ela não te quer? Para esquecer essa paixão que só te traz sofrimento, ore o Salmo 51 durante trinta dias antes de dormir.

(1) Tem misericórdia de mim, ó Deus, segundo a tua benignidade; apaga as minhas transgressões, segundo a multidão das tuas misericórdias. (2) Lava-me completamente da minha iniquidade, e purifica-me do meu pecado. (3) Porque eu conheço as minhas transgressões, e o meu pecado está sempre diante de mim. (4) Contra ti, contra ti somente pequei, e fiz o que é mal à tua vista, para que sejas justificado quando falares, e puro quando julgares. (5) Eis que em iniquidade fui formado, e em pecado me concebeu minha mãe. (6) Eis que amas a verdade no íntimo, e no oculto me fazes conhecer a sabedoria. (7) Purifica-me com hissopo, e ficarei puro; lava-me, e ficarei mais branco do que a neve. (8) Faze-me ouvir júbilo e alegria, para que gozem os ossos que tu quebraste. (9) Esconde a tua face dos meus pecados, e apaga todas as minhas iniquidades. (10) Cria em mim, ó Deus, um coração puro, e renova em mim um espírito reto. (11) Não me lances fora da tua presença, e não retires de mim o teu Espírito Santo. (12) Torna a dar-me a alegria da tua salvação, e sustém-me com

um espírito voluntário. (13) Então ensinarei aos transgressores os teus caminhos, e os pecadores a ti se converterão. (14) Livra-me dos crimes de sangue, ó Deus, Deus da minha salvação, e a minha língua louvará altamente a tua justiça. (15) Abre, Senhor, os meus lábios, e a minha boca entoará o teu louvor. (16) Pois não desejas sacrifícios, senão eu os daria; tu não te deleitas em holocaustos. (17) Os sacrifícios para Deus são o espírito quebrantado; a um coração quebrantado e contrito não desprezarás, ó Deus. (18) Faze o bem a Sião, segundo a tua boa vontade; edifica os muros de Jerusalém. (19) Então te agradarás dos sacrifícios de justiça, dos holocaustos e das ofertas queimadas; então se oferecerão novilhos sobre o teu altar.

SALMO 52

PARA LIVRAR-SE DE FOFOCAS

Você vive rodeado de gente fofoqueira e que adora fazer intrigas? Para dar um basta e não ser alvo de falatórios, ore o Salmo 52 todas as sextas-feiras e, sempre que olhar para essas pessoas, imagine uma moldura de bronze em volta delas.

(1) Por que te glorias na malícia, ó homem poderoso? Pois a bondade de Deus permanece continuamente. (2) A tua língua intenta o mal, como uma navalha amolada, traçando enganos. (3) Tu amas mais o mal do que o bem, e a mentira mais do que falar a retidão. (4) Amas todas as palavras devoradoras, ó língua fraudulenta. (5) Também Deus te destruirá para sempre; arrebatar-te-á e arrancar-te-á da tua habitação, e desarraigar-te-á da terra dos viventes. (6) E os justos o verão, e temerão: e se rirão dele, dizendo: (7) Eis aqui o homem que não pôs em Deus a sua fortaleza, antes confiou na abundância das suas riquezas, e se fortaleceu na sua maldade. (8) Mas eu sou como a oliveira verde na casa de Deus; confio na misericórdia de Deus para sempre, eternamente. (9) Para sempre te louvarei, porque tu o fizeste, e esperarei no teu nome, porque é bom diante de teus santos.

SALMO 53

PARA LIVRAR-SE DE UM OBSESSOR VIVO

Se você tem um inimigo declarado e quer proteger-se contra qualquer mal que essa pessoa possa fazer, ore o Salmo 53 toda sexta-feira.

(1) Disse o néscio no seu coração: Não há Deus. Têm-se corrompido, e cometido abominável iniquidade; não há ninguém que faça o bem. (2) Deus olhou desde os céus para os filhos dos homens, para ver se havia algum que tivesse entendimento e buscasse a Deus. (3) Desviaram-se todos, e juntamente se fizeram imundos; não há quem faça o bem, não, nem sequer um. (4) Acaso não têm conhecimento os que praticam a iniquidade, os quais comem o meu povo como se comessem pão? Eles não invocaram a Deus. (5) Ali se acharam em grande temor, onde não havia temor, pois Deus espalhou os ossos daquele que te cercava; tu os confundiste, porque Deus os rejeitou. (6) Oh! Se já de Sião viesse a salvação de Israel! Quando Deus fizer voltar os cativos do seu povo, então se regozijará Jacó e se alegrará Israel.

SALMO 54

PARA PEDIR SAÚDE

Se você ou alguém de sua família está doente, ore o Salmo 54 toda quarta-feira.

(1) Salva-me, ó Deus, pelo teu nome, e faze-me justiça pelo teu poder. (2) Ó Deus, ouve a minha oração, inclina os teus ouvidos às palavras da minha boca. (3) Porque os estranhos se levantam contra mim, e tiranos procuram a minha vida; não têm posto Deus perante os seus olhos. (4) Eis que Deus é o meu ajudador, o Senhor está com aqueles que sustêm a minha alma. (5) Ele recompensará com o mal os meus inimigos. Destrói-os na tua verdade. (6) Eu te oferecerei voluntariamente sacrifícios; louvarei o teu nome, ó Senhor, porque é bom, (7) pois me tem livrado de toda a angústia; e os meus olhos viram o meu desejo sobre os meus inimigos.

SALMO 55

PARA PEDIR PAZ A ALGUÉM NA PRISÃO

O Salmo 55 é próprio para quem tem algum familiar que se encontra na prisão. Se você tem medo que ele sofra demasiadamente, ore o Salmo 55 todos os dias.

(1) Inclina, ó Deus, os teus ouvidos à minha oração, e não te escondas da minha súplica. (2) Atende-me, e ouve-me; lamento na minha queixa, e faço ruído, (3) pelo clamor do inimigo e por causa da opressão do ímpio; pois lançam sobre mim a iniquidade, e com furor me odeiam. (4) O meu coração está dolorido dentro de mim, e terrores da morte caíram sobre mim. (5) Temor e tremor vieram sobre mim; e o horror me cobriu. (6) Assim eu disse: Oh! Quem me dera asas como de pomba! Então voaria, e estaria em descanso. (7) Eis que fugiria para longe, e pernoitaria no deserto. (8) Apressar-me-ia a escapar da fúria do vento e da tempestade. (9) Despedaça, Senhor, e divide as suas línguas, pois tenho visto violência e contenda na cidade. (10) De dia e de noite a cercam sobre os seus muros; iniquidade e malícia estão no meio dela. (11) Maldade há dentro dela; astúcia e engano não se apartam das suas ruas. (12) Pois não era um inimigo que me afrontava; então eu o teria suportado; nem era o que me odiava que se engrandecia contra mim, porque dele me teria escondido. (13) Mas eras tu, homem meu igual, meu guia e meu íntimo amigo. (14) Consultá-

vamos juntos suavemente, e andávamos em companhia na casa de Deus. (15) A morte os assalte, e vivos desçam ao inferno; porque há maldade nas suas habitações e no meio deles. (16) Eu, porém, invocarei a Deus, e o Senhor me salvará. (17) De tarde e de manhã e ao meio-dia orarei; e clamarei, e ele ouvirá a minha voz. (18) Livrou em paz a minha alma da peleja que havia contra mim; pois havia muitos comigo. (19) Deus ouvirá, e os afligirá. Aquele que preside desde a antiguidade, porque não há neles nenhuma mudança, e, portanto, não temem a Deus. (20) Tal homem pôs as suas mãos naqueles que têm paz com ele; quebrou a sua aliança. (21) As palavras da sua boca eram mais macias do que a manteiga, mas havia guerra no seu coração: as suas palavras eram mais brandas do que o azeite; contudo, eram espadas desembainhadas. (22) Lança o teu cuidado sobre o Senhor, e ele te susterá; não permitirá jamais que o justo seja abalado. (23) Mas tu, ó Deus, os farás descer ao poço da perdição; homens de sangue e de fraude não viverão metade dos seus dias; mas eu em ti confiarei.

SALMO 56

PARA ELIMINAR VÍCIOS

Todo vício acaba destruindo a união e a harmonia familiar. Se você tem algum parente viciado em drogas, em álcool ou em qualquer outro mal, ore o Salmo 56 diariamente. Essa pessoa precisa de orientação profissional e de muito carinho dos parentes para sair dessa situação.

(1) Tem misericórdia de mim, ó Deus, porque o homem procura devorar-me; pelejando todo dia, me oprime. (2) Os meus inimigos procuram devorar-me todo dia; pois são muitos os que pelejam contra mim, ó Altíssimo. (3) Em qualquer tempo em que eu temer, confiarei em ti. (4) Em Deus louvarei a sua palavra, em Deus pus a minha confiança; não temerei o que me possa fazer a carne. (5) Todos os dias torcem as minhas palavras; todos os seus pensamentos são contra mim para o mal. (6) Ajuntam-se, escondem-se, marcam os meus passos, como aguardando a minha alma. (7) Porventura escaparão eles por meio da sua iniquidade? Ó Deus, derruba os povos na tua ira! (8) Tu contas as minhas vagueações; põe as minhas lágrimas no teu odre. Não estão elas no teu livro? (9) Quando eu a ti clamar, então voltarão para trás os meus inimigos: isto sei eu, porque Deus é por mim. (10) Em Deus louvarei a sua palavra; no Senhor louvarei a sua palavra. (11) Em Deus tenho posto a minha confiança; não temerei o que me possa fazer o

homem. (12) Os teus votos estão sobre mim, ó Deus; eu te renderei ações de graças; (13) Pois tu livraste a minha alma da morte; não livrarás os meus pés da queda, para andar diante de Deus na luz dos viventes?

SALMO 57

PARA TER ÊXITO NOS NEGÓCIOS E EM SOCIEDADES

Se você é empresário e quer obter sucesso em novos empreendimentos, ore o Salmo 57 toda segunda-feira antes de sair para trabalhar.

(1) Tem misericórdia de mim, ó Deus, tem misericórdia de mim, porque a minha alma confia em ti; e à sombra das tuas asas me abrigo, até que passem as calamidades. (2) Clamarei ao Deus altíssimo, ao Deus que por mim tudo executa. (3) Ele enviará desde os céus, e me salvará do desprezo daquele que procurava devorar-me. Deus enviará a sua misericórdia e a sua verdade. (4) A minha alma está entre leões, e eu estou entre aqueles que estão abrasados, filhos dos homens, cujos dentes são lanças e flechas, e a sua língua espada afiada. (5) Sê exaltado, ó Deus, sobre os céus; seja a tua glória sobre toda a terra. (6) Armaram uma rede aos meus passos; a minha alma está abatida. Cavaram uma cova diante de mim, porém eles mesmos caíram no meio dela. (7) Preparado está o meu coração, ó Deus, preparado está o meu coração; cantarei, e darei louvores. (8) Desperta, glória minha; despertai, saltério e harpa; eu mesmo despertarei ao romper da alva. (9) Louvar-te-ei, Senhor, entre os povos; eu te cantarei entre as nações. (10) Pois a tua misericórdia é grande até aos céus, e a tua verdade até às nuvens. (11) Sê exaltado, ó Deus, sobre os céus; e seja a tua glória sobre toda a terra.

SALMO 58

PARA TER HARMONIA COM OS ANIMAIS

Se você tem trauma de algum animal, ore o Salmo 58 diariamente. Sua relação com os animais será muito mais amigável.

(1) Acaso falais vós, deveras, ó congregação, a justiça? Julgais retamente, ó filhos dos homens? (2) Antes no coração forjais iniquidades; sobre a terra pesais a violência das vossas mãos. (3) Alienam-se os ímpios desde a madre; andam errados desde que nasceram, falando mentiras. (4) O seu veneno é semelhante ao veneno da serpente; são como a víbora surda, que tapa os ouvidos, (5) Para não ouvir a voz dos encantadores, do encantador sábio em encantamentos. (6) Ó Deus, quebra-lhes os dentes nas suas bocas; arranca, Senhor, os queixais aos filhos dos leões. (7) Escorram como águas que correm constantemente. Quando ele armar as suas flechas, fiquem feitas em pedaços. (8) Como a lesma se derrete, assim se vá cada um deles; como o aborto duma mulher, que nunca viu o sol. (9) Antes que as vossas panelas sintam o calor dos espinhos, como por um redemoinho os arrebatará ele, vivo e em indignação. (10) O justo se alegrará quando vir a vingança; lavará os seus pés no sangue do ímpio. (11) Então dirá o homem: Deveras há uma recompensa para o justo; deveras há um Deus que julga na terra.

SALMO 59

CONTRA A POSSESSÃO

Se você está abalado espiritualmente, ouve vozes dizendo para fazer o mal e sente a presença de energias negativas, ore o Salmo 59 todos os dias, contra a possessão.

(1) Livra-me, meu Deus, dos meus inimigos, defende-me daqueles que se levantam contra mim. (2) Livra-me dos que praticam a iniquidade, e salva-me dos homens sanguinários. (3) Pois eis que põem ciladas à minha alma; os fortes se ajuntam contra mim, não por transgressão minha ou por pecado meu, ó Senhor. (4) Eles correm, e se preparam, sem culpa minha; desperta para me ajudares, e olha. (5) Tu, pois, ó Senhor, Deus dos Exércitos, Deus de Israel, desperta para visitares todos os gentios; não tenhas misericórdia de nenhum dos pérfidos que praticam a iniquidade. (6) Voltam à tarde; dão ganidos como cães, e rodeiam a cidade. (7) Eis que eles dão gritos com as suas bocas; espadas estão nos seus lábios, porque, dizem eles: Quem ouve? (8) Mas tu, Senhor, te rirás deles; zombarás de todos os gentios; (9) por causa da sua força eu te aguardarei; pois Deus é a minha alta defesa. (10) O Deus da minha misericórdia virá ao meu encontro; Deus me fará ver o meu desejo sobre os meus inimigos. (11) Não os mates, para que o meu povo não se esqueça; espalha-os pelo teu poder, e abate-os, ó Senhor, nosso escudo. (12) Pelo pecado da sua boca e pelas palavras

dos seus lábios, fiquem presos na sua soberba, e pelas maldições e pelas mentiras que falam. (13) Consome-os na tua indignação, consome-os, para que não existam, e para que saibam que Deus reina em Jacó até aos fins da terra. (14) E tornem a vir à tarde, e deem ganidos como cães, e cerquem a cidade. (15) Vagueiem para cima e para baixo por mantimento, e passem a noite sem se saciarem. (16) Eu, porém, cantarei a tua força; pela manhã louvarei com alegria a tua misericórdia; porquanto tu foste o meu alto refúgio, e proteção no dia da minha angústia. (17) A ti, ó fortaleza minha, cantarei salmos; porque Deus é a minha defesa e o Deus da minha misericórdia.

SALMO 60

PARA IMPOR RESPEITO

Se seus familiares, amigos e colegas de trabalho não respeitam seus direitos e limites, ore o Salmo 60 toda sexta-feira e comece a se impor.

(1) Ó Deus, tu nos rejeitaste, tu nos espalhaste, tu te indignaste; oh, volta-te para nós. (2) Abalaste a terra, e a fendeste; sara as suas fendas, pois ela treme. (3) Fizeste ver ao teu povo coisas árduas; fizeste-nos beber o vinho do atordoamento. (4) Deste um estandarte aos que te temem, para o arvorarem no alto, por causa da verdade. (5) Para que os teus amados sejam livres, salva-nos com a tua destra, e ouve-nos; (6) Deus falou na sua santidade; eu me regozijarei, repartirei a Siquém e medirei o vale de Sucote. (7) Meu é Gileade, e meu é Manassés; Efraim é a força da minha cabeça; Judá é o meu legislador. (8) Moabe é a minha bacia de lavar; sobre Edom lançarei o meu sapato; alegra-te, ó Filístia, por minha causa. (9) Quem me conduzirá à cidade forte? Quem me guiará até Edom? (10) Não serás tu, ó Deus, que nos tinhas rejeitado? Tu, ó Deus, que não saíste com os nossos exércitos? (11) Dá-nos auxílio na angústia, porque vão é o socorro do homem. (12) Em Deus faremos proezas; porque ele é que pisará os nossos inimigos.

SALMO 61

PARA PROTEÇÃO ENERGÉTICA DO SEU LAR

Se você começou a sentir coisas estranhas, a ver vultos dentro de casa e está com medo de continuar morando no próprio lar, ore o Salmo 61 diariamente.

(1) Ouve, ó Deus, o meu clamor; atende à minha oração. (2) Desde o fim da terra clamarei a ti, quando o meu coração estiver desmaiado; leva-me para a rocha que é mais alta do que eu. (3) Pois tens sido um refúgio para mim, e uma torre forte contra o inimigo. (4) Habitarei no teu tabernáculo para sempre; abrigar-me-ei no esconderijo das tuas asas. (5) Pois tu, ó Deus, ouviste os meus votos; deste-me a herança dos que temem o teu nome. (6) Prolongarás os dias do rei; e os seus anos serão como muitas gerações. (7) Ele permanecerá diante de Deus para sempre; prepara-lhe misericórdia e verdade que o preservem. (8) Assim cantarei louvores ao teu nome perpetuamente, para pagar os meus votos de dia em dia.

SALMO 62

PARA COMBATER DORES NO ESTÔMAGO

Quem tem problemas estomacais geralmente não para de reclamar da vida. Se você sofre com dores no estômago, procure um médico, ore o Salmo 62 toda quarta-feira e seja mais otimista.

(1) A minha alma espera somente em Deus; dele vem a minha salvação. (2) Só ele é a minha rocha e a minha salvação; é a minha defesa; não serei grandemente abalado. (3) Até quando maquinareis o mal contra um homem? Sereis mortos todos vós, sereis como uma parede encurvada e uma sebe prestes a cair. (4) Eles somente consultam como o hão de derrubar da sua excelência; deleitam-se em mentiras; com a boca bendizem, mas nas suas entranhas maldizem. (5) Ó minha alma, espera somente em Deus, porque dele vem a minha esperança. (6) Só ele é a minha rocha e a minha salvação; é a minha defesa; não serei abalado. (7) Em Deus está a minha salvação e a minha glória; a rocha da minha fortaleza, e o meu refúgio estão em Deus. (8) Confiai nele, ó povo, em todos os tempos; derramai perante ele o vosso coração. Deus é o nosso refúgio. (9) Certamente que os homens de classe baixa são vaidade, e os homens de ordem elevada são mentira; pesados em balanças, eles juntos são mais leves do que a vaidade. (10) Não confieis na opressão, nem vos ensoberbeçais na rapina; se as vossas riquezas aumentam, não ponhais nelas o coração. (11) Deus

falou uma vez; duas vezes ouvi isto: que o poder pertence a Deus.
(12) A ti também, Senhor, pertence a misericórdia; pois retribuirás
a cada um segundo a sua obra.

SALMO 63

PARA PROBLEMAS DE INTESTINO

Geralmente, pessoas controladoras sofrem com problema de intestino. Se você tem intestino preso, mude sua forma de ser e ore o Salmo 63 toda quarta-feira. Pare de controlar a vida dos outros, pois só assim você terá o controle do seu intestino, e procure um médico.

(1) Ó Deus, tu és o meu Deus, de madrugada te buscarei; a minha alma tem sede de ti; a minha carne te deseja muito em uma terra seca e cansada, onde não há água; (2) ó Deus, tu és o meu Deus, de madrugada te buscarei; a minha alma tem sede de ti; a minha carne te deseja muito em uma terra seca e cansada, onde não há água; (3) para ver a tua força e a tua glória, como te vi no santuário. (4) Porque a tua benignidade é melhor do que a vida, os meus lábios te louvarão. (5) Assim eu te bendirei enquanto viver; em teu nome levantarei as minhas mãos. (6) A minha alma se fartará, como de tutano e de gordura; e a minha boca te louvará com alegres lábios. (7) Quando me lembrar de ti na minha cama, e meditar em ti nas vigílias da noite. (8) Porque tu tens sido o meu auxílio; então, à sombra das tuas asas me regozijarei. (9) A minha alma te segue de perto; a tua destra me sustenta. (10) Mas aqueles que procuram a minha alma para a destruir, irão para as profundezas da terra. (11) Cairão à espada; serão

uma ração para as raposas. (12) Mas o rei se regozijará em Deus; qualquer que por ele jurar se gloriará; porque se taparão as bocas dos que falam a mentira.

SALMO 64

PARA VIAGENS MARINHAS

Se você tem um familiar na Marinha, ore o Salmo 64 toda vez que ele for viajar. Trará proteção a todos os tripulantes.

(1) Ouve, ó Deus, a minha voz na minha oração; guarda a minha vida do temor do inimigo. (2) Esconde-me do secreto conselho dos maus, e do tumulto dos que praticam a iniquidade. (3) Que afiaram as suas línguas como espadas; e armaram por suas flechas palavras amargas, (4) a fim de atirarem em lugar oculto ao que é íntegro; disparam sobre ele repentinamente, e não temem. (5) Firmam-se em mau intento; falam de armar laços secretamente, e dizem: Quem os verá? (6) Andam inquirindo malícias, inquirem tudo o que se pode inquirir; e ambos, o íntimo pensamento de cada um deles, e o coração, são profundos. (7) Mas Deus atirará sobre eles uma seta, e de repente ficarão feridos. (8) Assim eles farão com que as suas línguas tropecem contra si mesmos; todos aqueles que os virem, fugirão. (9) E todos os homens temerão, e anunciarão a obra de Deus; e considerarão prudentemente os feitos dele. (10) O justo se alegrará no Senhor, e confiará nele, e todos os retos de coração se gloriarão.

SALMO 65

PARA PEDIR CHUVA

Se sua família depende da agricultura para sobreviver e sua região está passando um período de seca, ore o Salmo 65 toda segunda-feira.

(1) A ti, ó Deus, espera o louvor em Sião, e a ti se pagará o voto. (2) Ó tu que ouves as orações, a ti virá toda a carne. (3) Prevalecem as iniquidades contra mim; porém tu limpas as nossas transgressões. (4) Bem-aventurado aquele a quem tu escolhes, e fazes chegar a ti, para que habite em teus átrios; nós seremos fartos da bondade da tua casa e do teu santo templo. (5) Com coisas tremendas em justiça nos responderás, ó Deus da nossa salvação; tu és a esperança de todas as extremidades da terra, e daqueles que estão longe sobre o mar. (6) O que pela sua força consolida os montes, cingido de fortaleza; (7) o que aplaca o ruído dos mares, o ruído das suas ondas, e o tumulto dos povos. (8) E os que habitam nos fins da terra temem os teus sinais; tu fazes alegres as saídas da manhã e da tarde. (9) Tu visitas a terra, e a refrescas; tu a enriqueces grandemente com o rio de Deus, que está cheio de água; tu lhe preparas o trigo, quando assim a tens preparada. (10) Enches de água os seus sulcos; tu lhe aplanas as leivas; tu a amoleces com a muita chuva; abençoas as suas novidades. (11) Coroas o ano com a tua bondade, e as tuas veredas destilam gordura. (12) Destilam

sobre os pastos do deserto, e os outeiros os cingem de alegria. (13) Os campos se vestem de rebanhos, e os vales se cobrem de trigo; eles se regozijam e cantam.

SALMO 66

CONTRA TODO TIPO DE MAGIA

O Salmo 66 é o mais forte para combater qualquer entidade negativa e limpar um ambiente espiritualmente. Ore esse salmo todos os dias.

(1) Celebrai com júbilo a Deus, todas as terras. (2) Cantai a glória do seu nome; dai glória ao seu louvor. (3) Dizei a Deus: Quão tremendo és tu nas tuas obras! Pela grandeza do teu poder se submeterão a ti os teus inimigos. (4) Todos os moradores da terra te adorarão e te cantarão; cantarão o teu nome. (5) Vinde, e vede as obras de Deus: é tremendo nos seus feitos para com os filhos dos homens. (6) Converteu o mar em terra seca; passaram o rio a pé; ali nos alegramos nele. (7) Ele domina eternamente pelo seu poder; os seus olhos estão sobre as nações; não se exaltem os rebeldes. (8) Bendizei, povos, ao nosso Deus, e fazei ouvir a voz do seu louvor, (9) ao que sustenta com vida a nossa alma, e não consente que sejam abalados os nossos pés. (10) Pois tu, ó Deus, nos provaste; tu nos afinaste como se afina a prata. (11) Tu nos puseste na rede; afligiste os nossos lombos, (12) fizeste com que os homens cavalgassem sobre as nossas cabeças; passamos pelo fogo e pela água; mas nos trouxeste a um lugar espaçoso. (13) Entrarei em tua casa com holocaustos; pagar-te-ei os meus votos, (14) os quais pronunciaram os meus lábios, e falou a minha boca,

quando estava na angústia. (15) Oferecer-te-ei holocaustos gordurosos com incenso de carneiros; oferecerei novilhos com cabritos. (16) Vinde, e ouvi, todos os que temeis a Deus, e eu contarei o que ele tem feito à minha alma. (17) A ele clamei com a minha boca, e ele foi exaltado pela minha língua. (18) Se eu atender à iniquidade no meu coração, o Senhor não me ouvirá; (19) mas, na verdade, Deus me ouviu; atendeu à voz da minha oração. (20) Bendito seja Deus, que não rejeitou a minha oração, nem desviou de mim a sua misericórdia.

SALMO 67

PARA AUTOEQUILÍBRIO

Se você sofre de alguma doença grave ou crônica, mude sua forma de agir e não perca a fé. Seu autoequilíbrio depende de sua saúde física, mental e espiritual. Ore o Salmo 67 toda quarta-feira e procure seu médico.

(1) Deus tenha misericórdia de nós e nos abençoe; e faça resplandecer o seu rosto sobre nós. (2) Para que se conheça na terra o teu caminho, e entre todas as nações a tua salvação. (3) Louvem-te a ti, ó Deus, os povos; louvem-te os povos todos. (4) Alegrem-se e regozijem-se as nações, pois julgarás os povos com equidade, e governarás as nações sobre a terra. (5) Louvem-te a ti, ó Deus, os povos; louvem-te os povos todos. (6) Então a terra dará o seu fruto; e Deus, o nosso Deus, nos abençoará. (7) Deus nos abençoará, e todas as extremidades da terra o temerão.

SALMO 68

PARA LIVRAR-SE DE MAGIA NEGRA

Se desconfia de que alguém fez magia negra para você, ore o Salmo 68 por sessenta dias consecutivos.

(1) Levante-se Deus, e sejam dissipados os seus inimigos; fugirão de diante dele os que o odeiam. (2) Como se impele a fumaça, assim tu os impeles; assim como a cera se derrete diante do fogo, assim pereçam os ímpios diante de Deus. (3) Mas alegrem-se os justos, e se regozijem na presença de Deus, e folguem de alegria. (4) Cantai a Deus, cantai louvores ao seu nome; louvai aquele que vai montado sobre os céus, pois o seu nome é Senhor, e exultai diante dele. (5) Pai de órfãos e juiz de viúvas é Deus, no seu lugar santo. (6) Deus faz que o solitário viva em família; liberta aqueles que estão presos em grilhões; mas os rebeldes habitam em terra seca. (7) Ó Deus, quando saías diante do teu povo, quando caminhavas pelo deserto. (8) A terra abalava-se, e os céus destilavam perante a face de Deus; até o próprio Sinai foi comovido na presença de Deus, do Deus de Israel. (9) Tu, ó Deus, mandaste a chuva em abundância, confortaste a tua herança, quando estava cansada. (10) Nela habitava o teu rebanho; tu, ó Deus, fizeste provisão da tua bondade para o pobre. (11) O Senhor deu a palavra; grande era o exército dos que anunciavam as boas novas. (12) Reis de exércitos fugiram à pressa; e aquela que ficava em casa repartia os

despojos. (13) Ainda que vos tenhais deitado entre redis, contudo sereis como as asas duma pomba, cobertas de prata, e as suas penas, de ouro amarelo. (14) Quando o Onipotente ali espalhou os reis, foi como a neve em Salmon. (15) O monte de Deus é como o monte de Basã, um monte elevado como o monte de Basã. (16) Por que saltais, ó montes elevados? Este é o monte que Deus desejou para a sua habitação, e o Senhor habitará nele eternamente. (17) Os carros de Deus são vinte milhares, milhares de milhares. O Senhor está entre eles, como em Sinai, no lugar santo. (18) Tu subiste ao alto, levaste cativo o cativeiro, recebeste dons para os homens, e até para os rebeldes, para que o Senhor Deus habitasse entre eles. (19) Bendito seja o Senhor, que de dia em dia nos carrega de benefícios; o Deus que é a nossa salvação. (20) O nosso Deus é o Deus da salvação; e a Deus, o Senhor, pertencem os livramentos da morte. (21) Mas Deus ferirá gravemente a cabeça de seus inimigos e o crânio cabeludo do que anda em suas culpas. (22) Disse o Senhor: Eu os farei voltar de Basã, farei voltar o meu povo das profundezas do mar; (23) para que o teu pé mergulhe no sangue de teus inimigos, e no mesmo a língua dos teus cães. (24) Ó Deus, eles têm visto os teus caminhos; os caminhos do meu Deus, meu Rei, no santuário. (25) Os cantores iam adiante, os tocadores de instrumentos atrás; entre eles as donzelas tocando adufes. (26) Celebrai a Deus nas congregações; ao Senhor, desde a fonte de Israel. (27) Ali está o pequeno Benjamim, que domina sobre eles, os príncipes de Judá com o seu ajuntamento, os príncipes de Zebulom e os príncipes de Naftali. (28) O teu Deus ordenou a tua força; fortalece, ó Deus, o que já fizeste para nós. (29) Por amor do teu templo em Jerusalém, os reis te trarão presentes. (30) Repreende asperamente as feras dos canaviais, a multidão dos touros, com os novilhos dos povos, até que cada um se submeta com peças de prata; dissipa os povos que desejam a guerra. (31) Príncipes virão do Egito; a Etiópia cedo estenderá para Deus as suas mãos. (32) Reinos da terra, cantai a Deus, cantai louvores ao Senhor. (33) Àquele que vai montado sobre os céus dos céus, que existiam desde a antiguidade; eis que envia a sua voz, dá um brado veemente. (34) Atribuí a Deus fortaleza; a sua excelência está sobre Israel e a sua fortaleza nas mais altas nuvens. (35) Ó Deus, tu és tremendo desde os teus santuários; o Deus de Israel é o que dá força e poder ao seu povo. Bendito seja Deus!

SALMO 69

PARA DEIXAR DE INVEJAR OS OUTROS

Se você dá valor somente ao aspecto material e se esquece do espiritual, ore o Salmo 69 toda sexta-feira antes de dormir e mude seus conceitos.

(1) Livra-me, ó Deus, pois as águas entraram até à minha alma. (2) Atolei-me em profundo lamaçal, onde se não pode estar em pé; entrei na profundeza das águas, onde a corrente me leva. (3) Estou cansado de clamar; a minha garganta se secou; os meus olhos desfalecem esperando o meu Deus. (4) Aqueles que me odeiam sem causa são mais do que os cabelos da minha cabeça; aqueles que procuram destruir-me, sendo injustamente meus inimigos, são poderosos; então restituí o que não furtei. (5) Tu, ó Deus, bem conheces a minha estultice; e os meus pecados não te são encobertos. (6) Não sejam envergonhados por minha causa aqueles que esperam em ti, ó Senhor, Deus dos Exércitos; não sejam confundidos por minha causa aqueles que te buscam, ó Deus de Israel. (7) Porque por amor de ti tenho suportado afrontas; a confusão cobriu o meu rosto. (8) Tenho-me tornado um estranho para com meus irmãos, e um desconhecido para com os filhos de minha mãe. (9) Pois o zelo da tua casa me devorou, e as afrontas dos que te afrontam caíram sobre mim. (10) Quando chorei, e castiguei com jejum a minha alma, isto se me tornou em afrontas.

(11) Pus por vestido um saco, e me fiz um provérbio para eles. (12) Aqueles que se assentam à porta falam contra mim; e fui o cântico dos bebedores de bebida forte. (13) Eu, porém, faço a minha oração a ti, Senhor, num tempo aceitável; ó Deus, ouve-me segundo a grandeza da tua misericórdia, segundo a verdade da tua salvação. (14) Tira-me do lamaçal, e não me deixes atolar; seja eu livre dos que me odeiam, e das profundezas das águas. (15) Não me leve a corrente das águas, e não me absorva ao profundo, nem o poço cerre a sua boca sobre mim. (16) Ouve-me, Senhor, pois boa é a tua misericórdia. Olha para mim segundo a tua muitíssima piedade. (17) E não escondas o teu rosto do teu servo, porque estou angustiado; ouve-me depressa. (18) Aproxima-te da minha alma, e resgata-a; livra-me por causa dos meus inimigos. (19) Bem tens conhecido a minha afronta, e a minha vergonha, e a minha confusão; diante de ti estão todos os meus adversários. (20) Afrontas me quebrantaram o coração, e estou fraquíssimo; esperei por alguém que tivesse compaixão, mas não houve nenhum; e por consoladores, mas não os achei. (21) Deram-me fel por mantimento, e na minha sede me deram a beber vinagre. (22) Torne-se-lhes a sua mesa diante deles em laço, e a prosperidade em armadilha. (23) Escureçam-se-lhes os seus olhos, para que não vejam, e faze com que os seus lombos tremam constantemente. (24) Derrama sobre eles a tua indignação, e prenda-os o ardor da tua ira. (25) Fique desolado o seu palácio; e não haja quem habite nas suas tendas. (26) Pois perseguem àquele a quem feriste, e conversam sobre a dor daqueles a quem chagaste. (27) Acrescenta iniquidade à iniquidade deles, e não entrem na tua justiça. (28) Sejam riscados do livro dos vivos, e não sejam inscritos com os justos. (29) Eu, porém, sou pobre e estou triste; ponha-me a tua salvação, ó Deus, num alto retiro. (30) Louvarei o nome de Deus com um cântico, e engrandecê-lo-ei com ação de graças. (31) Isto será mais agradável ao Senhor do que boi, ou bezerro que tem chifres e unhas. (32) Os

mansos verão isto, e se agradarão; o vosso coração viverá, pois que buscais a Deus. (33) Porque o Senhor ouve os necessitados, e não despreza os seus cativos. (34) Louvem-no os céus e a terra, os mares e tudo quanto neles se move. (35) Porque Deus salvará a Sião, e edificará as cidades de Judá; para que habitem ali e a possuam. (36) E herdá-la-á a semente de seus servos, e os que amam o seu nome habitarão nela.

SALMO 70

PELA PROTEÇÃO DE SEU PAÍS

Se você mora em uma região de conflitos e quer proteção contra qualquer consequência drástica, ore o Salmo 70 toda sexta-feira.

(1) Apressa-te, ó Deus, em me livrar; Senhor, apressa-te em ajudar-me. (2) Fiquem envergonhados e confundidos os que procuram a minha alma; voltem para trás e confundam-se os que me desejam mal. (3) Virem as costas como recompensa da sua vergonha os que dizem: Ah! Ah! (4) Folguem e alegrem-se em ti todos os que te buscam; e aqueles que amam a tua salvação digam continuamente: Engrandecido seja Deus. (5) Eu, porém, estou aflito e necessitado; apressa-te por mim, ó Deus. Tu és o meu auxílio e o meu libertador; Senhor, não te detenhas.

SALMO 71

ORAÇÃO PARA PEDIR POR UM IDOSO

Se você tem um familiar idoso que está perdendo o ânimo e a fé na vida, não deixe que ele fique esperando a morte. A vida deve ser vivida de forma plena em todos os momentos. Ore o Salmo 71 toda quarta-feira e sempre converse com ele. Muitas vezes, ele só precisa de atenção.

(1) Em ti, Senhor, confio; nunca seja eu confundido. (2) Livra-me na tua justiça, e faze-me escapar; inclina os teus ouvidos para mim, e salva-me. (3) Sê tu a minha habitação forte, à qual possa recorrer continuamente. Deste um mandamento que me salva, pois tu és a minha rocha e a minha fortaleza. (4) Livra-me, meu Deus, das mãos do ímpio, das mãos do homem injusto e cruel. (5) Pois tu és a minha esperança, Senhor Deus; tu és a minha confiança desde a minha mocidade. (6) Por ti tenho sido sustentado desde o ventre; tu és aquele que me tiraste das entranhas de minha mãe; o meu louvor será para ti constantemente. (7) Sou como um prodígio para muitos, mas tu és o meu refúgio forte. (8) Encha-se a minha boca do teu louvor e da tua glória todo o dia. (9) Não me rejeites no tempo da velhice; não me desampares, quando se for acabando a minha força. (10) Porque os meus inimigos falam contra mim, e os que espiam a minha alma consultam juntos, (11) dizendo: Deus o desamparou; persegui-o e tomai-o, pois não há

quem o livre. (12) Ó Deus, não te alongues de mim; meu Deus, apressa-te em ajudar-me. (13) Sejam confundidos e consumidos os que são adversários da minha alma; cubram-se de opróbrio e de confusão aqueles que procuram o meu mal. (14) Mas eu esperarei continuamente, e te louvarei cada vez mais. (15) A minha boca manifestará a tua justiça e a tua salvação todo o dia, pois não conheço o número delas. (16) Sairei na força do Senhor Deus, farei menção da tua justiça, e só dela. (17) Ensinaste-me, ó Deus, desde a minha mocidade; e até aqui tenho anunciado as tuas maravilhas. (18) Agora também, quando estou velho e de cabelos brancos, não me desampares, ó Deus, até que tenha anunciado a tua força a esta geração, e o teu poder a todos os vindouros. (19) Também a tua justiça, ó Deus, está muito alta, pois fizeste grandes coisas. Ó Deus, quem é semelhante a ti? (20) Tu, que me tens feito ver muitos males e angústias, me darás ainda a vida, e me tirarás dos abismos da terra. (21) Aumentarás a minha grandeza, e de novo me consolarás. (22) Também eu te louvarei com o saltério, bem como à tua verdade, ó meu Deus; cantarei com harpa a ti, ó Santo de Israel. (23) Os meus lábios exultarão quando eu te cantar, assim como a minha alma, que tu remiste. (24) A minha língua falará da tua justiça todo o dia; pois estão confundidos e envergonhados aqueles que procuram o meu mal.

SALMO 72

PARA NÃO TER MEDO DA POBREZA

Se você tem medo de perder dinheiro, ore o Salmo 72 todas as quintas-feiras e não se esqueça de que a pior pobreza não é a material e sim a espiritual.

(1) Ó Deus, dá ao rei os teus juízos, e a tua justiça ao filho do rei. (2) Ele julgará ao teu povo com justiça, e aos teus pobres com juízo. (3) Os montes trarão paz ao povo, e os outeiros, justiça. (4) Julgará os aflitos do povo, salvará os filhos do necessitado, e quebrantará o opressor. (5) Temer-te-ão enquanto durarem o sol e a lua, de geração em geração. (6) Ele descerá como chuva sobre a erva ceifada, como os chuveiros que umedecem a terra. (7) Nos seus dias florescerá o justo, e abundância de paz haverá enquanto durar a lua. (8) Dominará de mar a mar, e desde o rio até às extremidades da terra. (9) Aqueles que habitam no deserto se inclinarão ante ele, e os seus inimigos lamberão o pó. (10) Os reis de Társis e das ilhas trarão presentes; os reis de Sabá e de Seba oferecerão dons. (11) E todos os reis se prostrarão perante ele; todas as nações o servirão. (12) Porque ele livrará ao necessitado quando clamar, como também ao aflito e ao que não tem quem o ajude. (13) Compadecer-se-á do pobre e do aflito, e salvará as almas dos necessitados. (14) Libertará as suas almas do engano e da violência, e precioso será o seu sangue aos olhos dele. (15) E viverá, e se

lhe dará do ouro de Sabá; e continuamente se fará por ele oração; e todos os dias o bendirão. (16) Haverá um punhado de trigo na terra sobre as cabeças dos montes; o seu fruto se moverá como o Líbano, e os da cidade florescerão como a erva da terra. (17) O seu nome permanecerá eternamente; o seu nome se irá propagando de pais a filhos enquanto o sol durar, e os homens serão abençoados nele; todas as nações lhe chamarão bem-aventurado. (18) Bendito seja o Senhor Deus, o Deus de Israel, que só ele faz maravilhas. (19) E bendito seja para sempre o seu nome glorioso; e encha-se toda a terra da sua glória. Amém e Amém. (20) Aqui acabam as orações de Davi, filho de Jessé.

SALMO 73

CONTRA A FOBIA SOCIAL

Se você tem pânico até de sair de casa, ore o Salmo 73 diariamente. Com fé, sua vida poderá voltar ao normal. Não deixe de procurar um médico.

(1) Verdadeiramente bom é Deus para com Israel, para com os limpos de coração. (2) Quanto a mim, os meus pés quase que se desviaram; pouco faltou para que escorregassem os meus passos. (3) Pois eu tinha inveja dos néscios, quando via a prosperidade dos ímpios. (4) Porque não há apertos na sua morte, mas firme está a sua força. (5) Não se acham em trabalhos como outros homens, nem são afligidos como outros homens. (6) Por isso a soberba os cerca como um colar; vestem-se de violência como de adorno. (7) Os olhos deles estão inchados de gordura; eles têm mais do que o coração podia desejar. (8) São corrompidos e tratam maliciosamente de opressão; falam arrogantemente. (9) Põem as suas bocas contra os céus, e as suas línguas andam pela terra. (10) Por isso o povo dele volta aqui, e águas de copo cheio se lhes espremem. (11) E eles dizem: Como o sabe Deus? Há conhecimento no Altíssimo? (12) Eis que estes são ímpios, e prosperam no mundo; aumentam em riquezas. (13) Na verdade que em vão tenho purificado o meu coração; e lavei as minhas mãos na inocência. (14) Pois todo o dia tenho sido afligido, e castigado cada manhã. (15)

Se eu dissesse: Falarei assim; eis que ofenderia a geração de teus filhos. (16) Quando pensava em entender isto, foi para mim muito doloroso; (17) Até que entrei no santuário de Deus; então entendi eu o fim deles. (18) Certamente tu os puseste em lugares escorregadios; tu os lanças em destruição. (19) Como caem na desolação, quase num momento! Ficam totalmente consumidos de terrores. (20) Como um sonho, quando se acorda, assim, ó Senhor, quando acordares, desprezarás a aparência deles. (21) Assim o meu coração se azedou, e sinto picadas nos meus rins. (22) Assim me embruteci, e nada sabia; fiquei como um animal perante ti. (23) Todavia estou de contínuo contigo; tu me sustentaste pela minha mão direita. (24) Guiar-me-ás com o teu conselho, e depois me receberás na glória. (25) Quem tenho eu no céu senão a ti? E na terra não há quem eu deseje além de ti. (26) A minha carne e o meu coração desfalecem; mas Deus é a fortaleza do meu coração, e a minha porção para sempre. (27) Pois eis que os que se alongam de ti, perecerão; tu tens destruído todos aqueles que se desviam de ti. (28) Mas para mim, bom é aproximar-me de Deus; pus a minha confiança no Senhor Deus, para anunciar todas as tuas obras.

SALMO 74

CONTRA QUALQUER MAL MENTAL

Se alguém da sua família sofre de esclerose múltipla ou de outra doença do sistema neurológico, ore o Salmo 74 toda quarta-feira.

(1) Ó Deus, por que nos rejeitaste para sempre? Por que se acende a tua ira contra as ovelhas do teu pasto? (2) Lembra-te da tua congregação, que compraste desde a antiguidade; da vara da tua herança, que remiste; deste monte Sião, em que habitaste. (3) Levanta os teus pés para as perpétuas assolações, para tudo o que o inimigo tem feito de mal no santuário. (4) Os teus inimigos bramam no meio dos teus lugares santos; põem neles as suas insígnias por sinais. (5) Um homem se tornava famoso, conforme houvesse levantado machados, contra a espessura do arvoredo. (6) Mas agora toda obra entalhada de uma vez quebram com machados e martelos. (7) Lançaram fogo no teu santuário; profanaram, derrubando-a até ao chão, a morada do teu nome. (8) Disseram nos seus corações: Despojemo-los duma vez. Queimaram todos os lugares santos de Deus na terra. (9) Já não vemos os nossos sinais, já não há profeta, nem há entre nós alguém que saiba até quando isto durará. (10) Até quando, ó Deus, nos afrontará o adversário? Blasfemará o inimigo o teu nome para sempre? (11) Porque retiras a tua mão, a saber, a tua destra? Tira-a de dentro do teu seio. (12) Todavia Deus é o meu Rei desde a antiguidade, operando a

salvação no meio da terra. (13) Tu dividiste o mar pela tua força; quebrantaste as cabeças das baleias nas águas. (14) Fizeste em pedaços as cabeças do leviatã, e o deste por mantimento aos habitantes do deserto. (15) Fendeste a fonte e o ribeiro; secaste os rios impetuosos. (16) Teu é o dia e tua é a noite; preparaste a luz e o sol. (17) Estabeleceste todos os limites da terra; verão e inverno tu os formaste. (18) Lembra-te disto: que o inimigo afrontou ao Senhor e que um povo louco blasfemou o teu nome. (19) Não entregues às feras a alma da tua rola; não te esqueças para sempre da vida dos teus aflitos. (20) Atende a tua aliança; pois os lugares tenebrosos da terra estão cheios de moradas de crueldade. (21) Oh, não volte envergonhado o oprimido; louvem o teu nome o aflito e o necessitado. (22) Levanta-te, ó Deus, pleiteia a tua própria causa; lembra-te da afronta que o louco te faz cada dia. (23) Não te esqueças dos gritos dos teus inimigos; o tumulto daqueles que se levantam contra ti aumenta continuamente.

SALMO 75

PARA SER MENOS ORGULHOSO

Se você trata o próximo com desprezo, ore o Salmo 75 toda sexta-feira e drible seu orgulho. Todos somos iguais.

(1) A ti, ó Deus, glorificamos, a ti damos louvor, pois o teu nome está perto, as tuas maravilhas o declaram. (2) Quando eu ocupar o lugar determinado, julgarei retamente. (3) A terra e todos os seus moradores estão dissolvidos, mas eu fortaleci as suas colunas. (4) Disse eu aos loucos: Não enlouqueçais, e aos ímpios: Não levanteis a fronte; (5) Não levanteis a vossa fronte altiva, nem faleis com cerviz dura. (6) Porque nem do oriente, nem do ocidente, nem do deserto vem a exaltação. (7) Mas Deus é o Juiz: a um abate, e a outro exalta. (8) Porque na mão do Senhor há um cálice cujo vinho é tinto; está cheio de mistura; e dá a beber dele; mas as escórias dele todos os ímpios da terra as sorverão e beberão. (9) E eu o declararei para sempre; cantarei louvores ao Deus de Jacó. (10) E quebrarei todas as forças dos ímpios, mas as forças dos justos serão exaltadas.

SALMO 76

PARA PERDER O MEDO DA ÁGUA

Se você tem fobia de água, não consegue entrar no mar nem na piscina, ore o Salmo 76 diariamente.

(1) Conhecido é Deus em Judá; grande é o seu nome em Israel. (2) E em Salém está o seu tabernáculo, e a sua morada em Sião. (3) Ali quebrou as flechas do arco; o escudo, e a espada, e a guerra. (4) Tu és mais ilustre e glorioso do que os montes de caça. (5) Os que são ousados de coração são despojados; dormiram o seu sono; e nenhum dos homens de força achou as próprias mãos. (6) À tua repreensão, ó Deus de Jacó, carros e cavalos são lançados num sono profundo. (7) Tu, tu és temível; e quem subsistirá à tua vista, uma vez que te irares? (8) Desde os céus fizeste ouvir o teu juízo; a terra tremeu e se aquietou, (9) quando Deus se levantou para fazer juízo, para livrar a todos os mansos da terra. (10) Certamente a cólera do homem redundará em teu louvor; o restante da cólera tu o restringirás. (11) Fazei votos, e pagai ao Senhor vosso Deus; tragam presentes, os que estão em redor dele, àquele que é temível. (12) Ele ceifará o espírito dos príncipes; é tremendo para com os reis da terra.

SALMO 77

PARA PERDER O MEDO DE AVIÃO

Você tem medo de viajar de avião? Antes de uma viagem, ore o Salmo 77 e pense positivo. Certamente, você ficará mais calmo.

(1) Clamei a Deus com a minha voz, a Deus levantei a minha voz, e ele inclinou para mim os ouvidos. (2) No dia da minha angústia busquei ao Senhor; a minha mão se estendeu de noite, e não cessava; a minha alma recusava ser consolada. (3) Lembrava-me de Deus, e me perturbei; queixava-me, e o meu espírito desfalecia. (4) Sustentaste os meus olhos acordados; estou tão perturbado que não posso falar. (5) Considerava os dias da antiguidade, os anos dos tempos antigos. (6) De noite chamei à lembrança o meu cântico; meditei em meu coração, e o meu espírito esquadrinhou. (7) Rejeitará o Senhor para sempre e não tornará a ser favorável? (8) Cessou para sempre a sua benignidade? Acabou-se já a promessa de geração em geração? (9) Esqueceu-se Deus de ter misericórdia? Ou encerrou ele as suas misericórdias na sua ira? (10) E eu disse: Isto é enfermidade minha; mas eu me lembrarei dos anos da destra do Altíssimo. (11) Eu me lembrarei das obras do Senhor; certamente que eu me lembrarei das tuas maravilhas da antiguidade. (12) Meditarei também em todas as tuas obras, e falarei dos teus feitos. (13) O teu caminho, ó Deus, está no santuário. Quem é Deus tão grande como o nosso Deus? (14) Tu és o

Deus que fazes maravilhas; tu fizeste notória a tua força entre os povos. (15) Com o teu braço remiste o teu povo, os filhos de Jacó e de José. (16) As águas te viram, ó Deus, as águas te viram, e tremeram; os abismos também se abalaram. (17) As nuvens lançaram água, os céus deram um som; as tuas flechas correram duma para outra parte. (18) A voz do teu trovão estava no céu; os relâmpagos iluminaram o mundo; a terra se abalou e tremeu. (19) O teu caminho é no mar, e as tuas veredas nas águas grandes, e os teus passos não são conhecidos. (20) Guiaste o teu povo, como a um rebanho, pela mão de Moisés e de Arão.

SALMO 78

PARA PERDER O MEDO DO CHEFE

Se você tem medo de seu chefe e da imagem que ele tem de você, ore o Salmo 78 toda sexta-feira. Sua autoestima profissional crescerá bastante.

(1) Escutai a minha lei, povo meu; inclinai os vossos ouvidos às palavras da minha boca. (2) Abrirei a minha boca numa parábola; falarei enigmas da antiguidade. (3) Os quais temos ouvido e sabido, e nossos pais no-los têm contado. (4) Não os encobriremos aos seus filhos, mostrando à geração futura os louvores do Senhor, assim como a sua força e as maravilhas que fez. (5) Porque ele estabeleceu um testemunho em Jacó, e pôs uma lei em Israel, a qual deu aos nossos pais para que a fizessem conhecer a seus filhos; (6) para que a geração vindoura a soubesse, os filhos que nascessem, os quais se levantassem e a contassem a seus filhos; (7) para que pusessem em Deus a sua esperança, e se não esquecessem das obras de Deus, mas guardassem os seus mandamentos. (8) E não fossem como seus pais, geração contumaz e rebelde, geração que não regeu o seu coração, e cujo espírito não foi fiel a Deus. (9) Os filhos de Efraim, armados e trazendo arcos, viraram as costas no dia da peleja. (10) Não guardaram a aliança de Deus, e recusaram andar na sua lei; (11) E esqueceram-se das suas obras e das maravilhas que lhes fizera ver. (12) Maravilhas que ele fez à vista de

seus pais na terra do Egito, no campo de Zoã. (13) Dividiu o mar, e os fez passar por ele; fez com que as águas parassem como num montão. (14) De dia os guiou por uma nuvem, e toda a noite por uma luz de fogo. (15) Fendeu as penhas no deserto; e deu-lhes de beber como de grandes abismos. (16) Fez sair fontes da rocha, e fez correr as águas como rios. (17) E ainda prosseguiram em pecar contra ele, provocando ao Altíssimo na solidão. (18) E tentaram a Deus nos seus corações, pedindo carne para o seu apetite. (19) E falaram contra Deus, e disseram: Acaso pode Deus preparar-nos uma mesa no deserto? (20) Eis que feriu a penha, e águas correram dela: rebentaram ribeiros em abundância. Poderá também dar-nos pão, ou preparar carne para o seu povo? (21) Portanto o Senhor os ouviu, e se indignou; e acendeu um fogo contra Jacó, e furor também subiu contra Israel; (22) Porquanto não creram em Deus, nem confiaram na sua salvação; (23) Ainda que mandara às altas nuvens, e abriu as portas dos céus, (24) e chovera sobre eles o maná para comerem, e lhes dera do trigo do céu. (25) O homem comeu o pão dos anjos; ele lhes mandou comida a fartar. (26) Fez soprar o vento do oriente nos céus, e o trouxe do sul com a sua força. (27) E choveu sobre eles carne como pó, e aves de asas como a areia do mar. (28) E as fez cair no meio do seu arraial, ao redor de suas habitações. (29) Então comeram e se fartaram bem; pois lhes cumpriu o seu desejo. (30) Não refrearam o seu apetite. Ainda lhes estava a comida na boca, (31) Quando a ira de Deus desceu sobre eles, e matou os mais robustos deles, e feriu os escolhidos de Israel. (32) Com tudo isto ainda pecaram, e não deram crédito às suas maravilhas. (33) Por isso consumiu os seus dias na vaidade e os seus anos na angústia. (34) Quando os matava, então o procuravam; e voltavam, e de madrugada buscavam a Deus. (35) E se lembravam de que Deus era a sua rocha, e o Deus Altíssimo o seu Redentor. (36) Todavia lisonjeavam-no com a boca, e com a língua lhe mentiam. (37) Porque o seu coração não era reto para com ele, nem foram fiéis na sua aliança. (38) Ele, porém, que é misericordioso, perdoou a sua iniquidade; e não os destruiu, antes muitas vezes desviou deles o seu furor, e não despertou toda a sua ira. (39) Porque se lembrou de que eram de carne, vento que passa e não volta. (40) Quantas vezes o provocaram no deserto, e o entristeceram na solidão! (41) Voltaram atrás, e tentaram a Deus, e limitaram o Santo de Israel. (42) Não se lembraram da sua mão, nem do dia em que os livrou do adversário; (43) Como operou os seus sinais no Egito, e as suas maravilhas no campo de Zoã; (44) E converteu os seus rios em sangue, e as suas correntes, para que não pudessem beber. (45) Enviou entre eles enxames de moscas que os consumiram, e rãs que os destruíram. (46) Deu também ao pulgão a sua novidade, e o seu trabalho aos gafanhotos. (47) Destruiu as suas vinhas com saraiva, e os seus sicômoros com pedrisco. (48) Também entregou o seu gado à saraiva, e os seus rebanhos aos coriscos. (49) Lançou sobre eles o ardor da sua ira, furor, indignação, e angústia, mandando maus anjos contra eles. (50) Preparou caminho à sua ira; não poupou as suas almas da morte, mas entregou à pestilência as suas vidas. (51) E feriu a todo primogênito no Egito, primícias da sua força nas tendas de Cão. (52) Mas fez com que o seu povo saísse como ovelhas, e os guiou pelo deserto como um rebanho. (53) E os guiou com segurança, que não temeram; mas o mar cobriu os seus inimigos. (54) E os trouxe até ao termo do seu santuário, até este monte que a sua destra adquiriu. (55) E expulsou os gentios de diante deles, e lhes dividiu uma herança por linha, e fez habitar em suas tendas as tribos de Israel. (56) Contudo tentaram e provocaram o Deus Altíssimo, e não guardaram os seus testemunhos. (57) Mas retiraram-se para trás, e portaram-se infielmente como seus pais; viraram-se como um arco enganoso. (58) Pois o provocaram à ira com os seus altos; e moveram o seu zelo com as suas imagens de escultura. (59) Deus ouviu isto e se indignou; e aborreceu a Israel sobremodo. (60) Por isso desamparou o tabernáculo em Siló, a tenda que estabeleceu entre os homens. (61) E deu a sua força ao cativeiro, e a sua glória à mão do inimigo. (62) E entregou o seu povo à espada, e se enfureceu contra a sua herança. (63) O fogo consumiu os seus jovens, e as suas moças não foram dadas em casamento. (64) Os seus sacerdotes caíram à espada, e as suas viúvas não fizeram lamentação. (65) Então o Senhor despertou, como quem acaba de dormir, como um valente que se alegra com o vinho. (66) E feriu os seus adversários por detrás, e pô-los em perpétuo desprezo. (67) Além disto, recusou o tabernáculo de José, e não elegeu a tribo de Efraim. (68) Antes elegeu a tribo de Judá; o monte Sião, que ele amava. (69) E edificou o seu santuário como altos palácios, como a terra, que fundou para sempre. (70) Também elegeu a Davi seu servo, e o tirou dos apriscos das ovelhas; (71) E o tirou do cuidado das que se acharam prenhes; para apascentar a Jacó, seu povo, e a Israel, sua herança. (72) Assim os apascentou, segundo a integridade do seu coração, e os guiou pela perícia de suas mãos.

SALMO 79

PARA ELIMINAR A FORÇA DOS INIMIGOS

Se você tem inimigos, ore o Salmo 79 por trinta dias consecutivos. Este salmo é muito mais forte do que todos os seus adversários.

(1) Ó Deus, os gentios vieram à tua herança; contaminaram o teu santo templo; reduziram Jerusalém a montões de pedras. (2) Deram os corpos mortos dos teus servos por comida às aves dos céus, e a carne dos teus santos às feras da terra. (3) Derramaram o sangue deles como a água ao redor de Jerusalém, e não houve quem os enterrasse. (4) Somos feitos opróbrio para nossos vizinhos, escárnio e zombaria para os que estão à roda de nós. (5) Até quando, Senhor? Acaso te indignarás para sempre? Arderá o teu zelo como fogo? (6) Derrama o teu furor sobre os gentios que não te conhecem, e sobre os reinos que não invocam o teu nome. (7) Porque devoraram a Jacó, e assolaram as suas moradas. (8) Não te lembres das nossas iniquidades passadas; venham ao nosso encontro depressa as tuas misericórdias, pois já estamos muito abatidos. (9) Ajuda-nos, ó Deus da nossa salvação, pela glória do teu nome; e livra-nos, e perdoa os nossos pecados por amor do teu nome. (10) Porque diriam os gentios: Onde está o seu Deus? Seja ele conhecido entre os gentios, à nossa vista, pela vingança do sangue dos teus servos, que foi derramado. (11) Venha perante

a tua face o gemido dos presos; segundo a grandeza do teu braço preserva aqueles que estão sentenciados à morte. (12) E torna aos nossos vizinhos, no seu regaço, sete vezes tanto da sua injúria com a qual te injuriaram, Senhor. (13) Assim nós, teu povo e ovelhas de teu pasto, te louvaremos eternamente; de geração em geração cantaremos os teus louvores.

SALMO 80

CONTRA DOENÇAS DE PELE

Se você tem problemas como acne e quer ter a pele saudável, ore o Salmo 80 toda quarta-feira, antes de dormir, e procure seu médico.

(1) Tu, que és pastor de Israel, dá ouvidos; tu, que guias a José como a um rebanho; tu, que te assentas entre os querubins, resplandece. (2) Perante Efraim, Benjamim e Manassés, desperta o teu poder, e vem salvar-nos. (3) Faze-nos voltar, ó Deus, e faze resplandecer o teu rosto, e seremos salvos. (4) Ó Senhor Deus dos Exércitos, até quando te indignarás contra a oração do teu povo? (5) Tu os sustentas com pão de lágrimas, e lhes dás a beber lágrimas com abundância. (6) Tu nos pões em contendas com os nossos vizinhos, e os nossos inimigos zombam de nós entre si. (7) Faze-nos voltar, ó Deus dos Exércitos, e faze resplandecer o teu rosto, e seremos salvos. (8) Trouxeste uma vinha do Egito; lançaste fora os gentios, e a plantaste. (9) Preparaste-lhe lugar, e fizeste com que ela deitasse raízes, e encheu a terra. (10) Os montes foram cobertos da sua sombra, e os seus ramos se fizeram como os formosos cedros. (11) Ela estendeu a sua ramagem até ao mar, e os seus ramos até ao rio. (12) Por que quebraste então os seus valados, de modo que todos os que passam por ela a vindimam? (13) O javali da selva a devasta, e as feras do campo a devoram.

(14) Oh! Deus dos Exércitos, volta-te, nós te rogamos, atende dos céus, e vê, e visita esta vide; (15) e a videira que a tua destra plantou, e o sarmento que fortificaste para ti. (16) Está queimada pelo fogo, está cortada; pereceu pela repreensão da tua face. (17) Seja a tua mão sobre o homem da tua destra, sobre o filho do homem, que fortificaste para ti. (18) Assim nós não te viraremos as costas; guarda-nos em vida, e invocaremos o teu nome. (19) Faze-nos voltar, Senhor Deus dos Exércitos; faze resplandecer o teu rosto, e seremos salvos.

SALMO 81

PARA ORAR PELO PLANETA

O Salmo 81 é maravilhoso para equilibrar as energias positivas no planeta Terra. Toda vez que este Salmo é orado, mais forças da Divindade o planeta recebe. Ore-o no primeiro dia do ano.

(1) Exultai a Deus, nossa fortaleza; jubilai ao Deus de Jacó. (2) Tomai um salmo, e trazei junto o tamborim, a harpa suave e o saltério. (3) Tocai a trombeta na lua nova, no tempo apontado da nossa solenidade. (4) Porque isto era um estatuto para Israel, e uma lei do Deus de Jacó. (5) Ordenou-o em José por testemunho, quando saíra pela terra do Egito, onde ouvi uma língua que não entendia. (6) Tirei de seus ombros a carga; as suas mãos foram livres dos cestos. (7) Clamaste na angústia, e te livrei; respondi-te no lugar oculto dos trovões; provei-te nas águas de Meribá. (8) Ouve-me, povo meu, e eu te atestarei: Ah, Israel, se me ouvires! (9) Não haverá entre ti deus alheio nem te prostrarás ante um deus estranho. (10) Eu sou o Senhor teu Deus, que te tirei da terra do Egito; abre bem a tua boca, e a encherei. (11) Mas o meu povo não quis ouvir a minha voz, e Israel não me quis. (12) Portanto eu os entreguei aos desejos dos seus corações, e andaram nos seus próprios conselhos. (13) Oh! Se o meu povo me tivesse ouvido! Se Israel andasse nos meus caminhos! (14) Em breve abateria os seus inimigos, e viraria a minha mão contra os seus adversários. (15)

Os que odeiam ao Senhor ter-se-lhe-iam sujeitado, e o seu tempo seria eterno. (16) E o sustentaria com o trigo mais fino, e o fartaria com o mel saído da rocha.

SALMO 82

PARA OBTER ÊXITO NA PROFISSÃO

Para obter êxito em sua profissão, ore o Salmo 82 toda segunda-feira.

(1) Deus está na congregação dos poderosos; julga no meio dos deuses. (2) Até quando julgareis injustamente, e aceitareis as pessoas dos ímpios? (3) Fazei justiça ao pobre e ao órfão; justificai o aflito e o necessitado. (4) Livrai o pobre e o necessitado; tirai-os das mãos dos ímpios. (5) Eles não conhecem, nem entendem; andam em trevas; todos os fundamentos da terra vacilam. (6) Eu disse: Vós sois deuses, e todos vós filhos do Altíssimo. (7) Todavia morrereis como homens, e caireis como qualquer dos príncipes. (8) Levanta-te, ó Deus, julga a terra, pois tu possuis todas as nações.

SALMO 83

PARA OBTER ÊXITO EM SUA MISSÃO

Todos nós temos uma missão na vida. Para obter êxito em sua missão, ore o Salmo 83 junto com suas orações diárias. Certamente, você será uma pessoa mais realizada.

(1) Ó Deus, não estejas em silêncio; não te cales, nem te aquietes, ó Deus, (2) porque eis que teus inimigos fazem tumulto, e os que te odeiam levantaram a cabeça. (3) Tomaram astuto conselho contra o teu povo, e consultaram contra os teus escondidos. (4) Disseram: Vinde, e desarraiguemo-los para que não sejam nação, nem haja mais memória do nome de Israel. (5) Porque consultaram juntos e unânimes; eles se unem contra ti: (6) As tendas de Edom, e dos ismaelitas, de Moabe, e dos agarenos, (7) De Gebal, e de Amom, e de Amaleque, a Filístia, com os moradores de Tiro; (8) também a Assíria se ajuntou com eles; foram ajudar aos filhos de Ló. (9) Faze-lhes como aos midianitas; como a Sísera, como a Jabim na ribeira de Quisom; (10) os quais pereceram em Endor; tornaram-se como estrume para a terra. (11) Faze aos seus nobres como a Orebe, e como a Zeebe; e a todos os seus príncipes, como a Zebá e como a Zalmuna, (12) que disseram: Tomemos para nós as casas de Deus em possessão. (13) Deus meu, faze-os como um tufão, como a aresta diante do vento. (14) Como o fogo que queima um bosque, e como a chama que incendeia as brenhas,

(15) assim os persegue com a tua tempestade, e os assombra com o teu torvelinho. (16) Encham-se de vergonha as suas faces, para que busquem o teu nome, Senhor. (17) Confundam-se e assombrem-se perpetuamente; envergonhem-se, e pereçam, (18) para que saibam que tu, a quem só pertence o nome de Senhor, és o Altíssimo sobre toda a terra.

SALMO 84

CONTRA EPIDEMIAS

Se você ou um familiar contraiu uma doença epidêmica, o melhor a fazer é procurar um médico e orar muito. Ore o Salmo 84 toda quarta-feira.

(1) Quão amáveis são os teus tabernáculos, Senhor dos Exércitos! (2) A minha alma está desejosa, e desfalece pelos átrios do Senhor; o meu coração e a minha carne clamam pelo Deus vivo. (3) Até o pardal encontrou casa, e a andorinha ninho para si, onde ponha seus filhos, até mesmo nos teus altares, Senhor dos Exércitos, Rei meu e Deus meu. (4) Bem-aventurados os que habitam em tua casa; louvar-te-ão continuamente. (5) Bem-aventurado o homem cuja força está em ti, em cujo coração estão os caminhos aplanados. (6) Que, passando pelo vale de Baca, faz dele uma fonte; a chuva também enche os tanques. (7) Vão indo de força em força; cada um deles em Sião aparece perante Deus. (8) Senhor Deus dos Exércitos, escuta a minha oração; inclina os ouvidos, ó Deus de Jacó! (9) Olha, ó Deus, escudo nosso, e contempla o rosto do teu ungido. (10) Porque vale mais um dia nos teus átrios do que mil. Preferiria estar à porta da casa do meu Deus, a habitar nas tendas dos ímpios. (11) Porque o Senhor Deus é um sol e escudo; o Senhor dará graça e glória; não retirará bem algum aos que andam na retidão. (12) Senhor dos Exércitos, bem-aventurado o homem que em ti põe a sua confiança.

SALMO 85

CONTRA MAL-ENTENDIDOS

Brigas e mal-entendidos sempre acontecem. Para que a harmonia se estabeleça, ore o Salmo 85 por trinta dias consecutivos.

(1) Abençoaste, Senhor, a tua terra; fizeste voltar o cativeiro de Jacó. (2) Perdoaste a iniquidade do teu povo; cobriste todos os seus pecados. (3) Fizeste cessar toda a tua indignação; desviaste-te do ardor da tua ira. (4) Torna-nos a trazer, ó Deus da nossa salvação, e faze cessar a tua ira de sobre nós. (5) Acaso estarás sempre irado contra nós? Estenderás a tua ira a todas as gerações? (6) Não tornarás a vivificar-nos, para que o teu povo se alegre em ti? (7) Mostra-nos, Senhor, a tua misericórdia, e concede-nos a tua salvação. (8) Escutarei o que Deus, o Senhor, falar; porque falará de paz ao seu povo, e aos santos, para que não voltem à loucura. (9) Certamente que a salvação está perto daqueles que o temem, para que a glória habite na nossa terra. (10) A misericórdia e a verdade se encontraram; a justiça e a paz se beijaram. (11) A verdade brotará da terra, e a justiça olhará desde os céus. (12) Também o Senhor dará o que é bom, e a nossa terra dará o seu fruto. (13) A justiça irá adiante dele, e nos porá no caminho das suas pisadas.

SALMO 86

PARA PEDIR BÊNÇÃOS AO ANJO DA GUARDA

Se alguém que você conhece sofre de uma doença grave, ore o Salmo 86 toda quarta-feira e peça boas energias ao Anjo da Guarda da pessoa.

(1) Inclina, Senhor, os teus ouvidos, e ouve-me, porque estou necessitado e aflito. (2) Guarda a minha alma, pois sou santo: ó Deus meu, salva o teu servo, que em ti confia. (3) Tem misericórdia de mim, ó Senhor, pois a ti clamo todo o dia. (4) Alegra a alma do teu servo, pois a ti, Senhor, levanto a minha alma. (5) Pois tu, Senhor, és bom, e pronto a perdoar, e abundante em benignidade para todos os que te invocam. (6) Dá ouvidos, Senhor, à minha oração e atende à voz das minhas súplicas. (7) No dia da minha angústia clamo a ti, porquanto me respondes. (8) Entre os deuses não há semelhante a ti, Senhor, nem há obras como as tuas. (9) Todas as nações que fizeste virão e se prostrarão perante a tua face, Senhor, e glorificarão o teu nome. (10) Porque tu és grande e fazes maravilhas; só tu és Deus. (11) Ensina-me, Senhor, o teu caminho, e andarei na tua verdade; une o meu coração ao temor do teu nome. (12) Louvar-te-ei, Senhor Deus meu, com todo o meu coração, e glorificarei o teu nome para sempre. (13) Pois grande é a tua misericórdia para comigo; e livraste a minha alma do inferno mais profundo. (14) Ó Deus, os soberbos

se levantaram contra mim, e as assembleias dos tiranos procuraram a minha alma, e não te puseram perante os seus olhos. (15) Porém tu, Senhor, és um Deus cheio de compaixão, e piedoso, sofredor, e grande em benignidade e em verdade. (16) Volta-te para mim, e tem misericórdia de mim; dá a tua fortaleza ao teu servo, e salva ao filho da tua serva. (17) Mostra-me um sinal para bem, para que o vejam aqueles que me odeiam, e se confundam; porque tu, Senhor, me ajudaste e me consolaste.

SALMO 87

PARA MELHOR ACEITAÇÃO DA VIDA

Se você tem dificuldade em aceitar a vida como ela verdadeiramente é, ore o Salmo 87 todas as quartas-feiras e comece a aceitar a realidade sem ilusões.

(1) O seu fundamento está nos montes santos. (2) O Senhor ama as portas de Sião, mais do que todas as habitações de Jacó. (3) Coisas gloriosas se dizem de ti, ó cidade de Deus. (4) Farei menção de Raabe e de Babilônia àqueles que me conhecem; eis que da Filístia, e de Tiro, e da Etiópia, se dirá: Este homem nasceu ali. (5) E de Sião se dirá: Este e aquele homem nasceram ali; e o mesmo Altíssimo a estabelecerá. (6) O Senhor contará na descrição dos povos que este homem nasceu ali. (7) Assim os cantores como os tocadores de instrumentos estarão lá; todas as minhas fontes estão em ti.

SALMO 88

PARA TIRAR A MÁGOA DO SEU CORAÇÃO

Se você tem um grande ressentimento de alguém, elimine a mágoa do seu coração. Ore o Salmo 88 por trinta dias consecutivos. Só assim o perdão será concretizado no plano astral.

(1) Senhor Deus da minha salvação, diante de ti tenho clamado de dia e de noite. (2) Chegue a minha oração perante a tua face, inclina os teus ouvidos ao meu clamor; (3) porque a minha alma está cheia de angústia, e a minha vida se aproxima da sepultura. (4) Estou contado com aqueles que descem ao abismo; estou como homem sem forças, (5) livre entre os mortos, como os feridos de morte que jazem na sepultura, dos quais te não lembras mais, e estão cortados da tua mão. (6) Puseste-me no abismo mais profundo, em trevas e nas profundezas. (7) Sobre mim pesa o teu furor; tu me afligiste com todas as tuas ondas. (8) Alongaste de mim os meus conhecidos, puseste-me em extrema abominação para com eles. Estou fechado, e não posso sair. (9) A minha vista desmaia por causa da aflição. Senhor, tenho clamado a ti todo o dia, tenho estendido para ti as minhas mãos. (10) Mostrarás, tu, maravilhas aos mortos, ou os mortos se levantarão e te louvarão? (11) Será anunciada a tua benignidade na sepultura, ou a tua fidelidade na perdição? (12) Saber-se-ão as tuas maravilhas nas trevas, e a tua justiça na terra do esquecimento? (13) Eu, porém, Senhor, tenho

clamado a ti, e de madrugada te esperará a minha oração. (14) Senhor, porque rejeitas a minha alma? Por que escondes de mim a tua face? (15) Estou aflito, e prestes tenho estado a morrer desde a minha mocidade; enquanto sofro os teus terrores, estou perturbado. (16) A tua ardente indignação sobre mim vai passando; os teus terrores me têm retalhado. (17) Eles me rodeiam todo o dia como água; eles juntos me sitiam. (18) Desviaste para longe de mim amigos e companheiros, e os meus conhecidos estão em trevas.

SALMO 89

PARA PERNAS E BRAÇOS

Se você ou algum familiar corre o risco de perder um membro por conta de um acidente ou da diabetes, ore o Salmo 89 às segundas, quartas e sextas-feiras.

(1) As benignidades do Senhor cantarei perpetuamente; com a minha boca manifestarei a tua fidelidade de geração em geração. (2) Pois disse eu: A tua benignidade será edificada para sempre; tu confirmarás a tua fidelidade até nos céus, dizendo: (3) Fiz uma aliança com o meu escolhido, e jurei ao meu servo Davi, dizendo: (4) A tua semente estabelecerei para sempre, e edificarei o teu trono de geração em geração. (5) E os céus louvarão as tuas maravilhas, ó Senhor, a tua fidelidade também na congregação dos santos. (6) Pois quem no céu se pode igualar ao Senhor? Quem entre os filhos dos poderosos pode ser semelhante ao Senhor? (7) Deus é muito formidável na assembleia dos santos, e para ser reverenciado por todos os que o cercam. (8) Ó Senhor Deus dos Exércitos, quem é poderoso como tu, Senhor, com a tua fidelidade ao redor de ti? (9) Tu dominas o ímpeto do mar; quando as suas ondas se levantam, tu as fazes aquietar. (10) Tu quebraste a Raabe como se fora ferida de morte; espalhaste os teus inimigos com o teu braço forte. (11) Teus são os céus, e tua é a terra; o mundo e a sua plenitude tu os fundaste. (12) O norte e o sul tu os criaste;

Tabor e Hermom jubilam em teu nome. (13) Tu tens um braço poderoso; forte é a tua mão, e alta está a tua destra. (14) Justiça e juízo são a base do teu trono; misericórdia e verdade irão adiante do teu rosto. (15) Bem-aventurado o povo que conhece o som alegre; andará, ó Senhor, na luz da tua face. (16) Em teu nome se alegrará todo o dia, e na tua justiça se exaltará. (17) Pois tu és a glória da sua força; e no teu favor será exaltado o nosso poder. (18) Porque o Senhor é a nossa defesa, e o Santo de Israel o nosso Rei. (19) Então falaste em visão ao teu santo, e disseste: Pus o socorro sobre um que é poderoso; exaltei a um eleito do povo. (20) Achei a Davi, meu servo; com santo óleo o ungi, (21) Com o qual a minha mão ficará firme, e o meu braço o fortalecerá. (22) O inimigo não o importunará, nem o filho da perversidade o afligirá. (23) E eu derrubarei os seus inimigos perante a sua face, e ferirei aos que o odeiam. (24) E a minha fidelidade e a minha benignidade estarão com ele; e em meu nome será exaltado o seu poder. (25) Porei também a sua mão no mar, e a sua direita nos rios. (26) Ele me chamará, dizendo: Tu és meu pai, meu Deus, e a rocha da minha salvação. (27) Também o farei meu primogênito mais elevado do que os reis da terra. (28) A minha benignidade lhe conservarei eu para sempre, e a minha aliança lhe será firme, (29) e conservarei para sempre a sua semente, e o seu trono como os dias do céu. (30) Se os seus filhos deixarem a minha lei, e não andarem nos meus juízos, (31) se profanarem os meus preceitos, e não guardarem os meus mandamentos, (32) então visitarei a sua transgressão com a vara, e a sua iniquidade com açoites. (33) Mas não retirarei totalmente dele a minha benignidade, nem faltarei à minha fidelidade. (34) Não quebrarei a minha aliança, não alterarei o que saiu dos meus lábios. (35) Uma vez jurei pela minha santidade que não mentirei a Davi. (36) A sua semente durará para sempre, e o seu trono, como o sol diante de mim. (37) Será estabelecido para sempre como a lua e como uma testemunha fiel no céu. (38) Mas tu rejeitaste e aborreceste; tu te indignaste contra o teu ungido. (39) Abominaste a aliança do teu servo; profanaste a sua coroa, lançando-a por terra. (40) Derrubaste todos os seus muros; arruinaste as suas fortificações. (41) Todos os que passam pelo caminho o despojam; é um opróbrio para os seus vizinhos. (42) Exaltaste a destra dos seus adversários; fizeste com que todos os seus inimigos se regozijassem. (43) Também embotaste o fio da sua espada, e não o sustentaste na peleja. (44) Fizeste cessar a sua glória, e deitaste por terra o seu trono. (45) Abreviaste os dias da sua mocidade; cobriste-o de vergonha. (46) Até quando, Senhor? Acaso te esconderás para sempre? Arderá a tua ira como fogo? (47) Lembra-te de quão breves são os meus dias; por que criarias debalde todos os filhos dos homens? (48) Que homem há, que viva, e não veja a morte? Livrará ele a sua alma do poder da sepultura? (49) Senhor, onde estão as tuas antigas benignidades que juraste a Davi pela tua verdade? (50) Lembra-te, Senhor, do opróbrio dos teus servos; como eu trago no meu peito o opróbrio de todos os povos poderosos, (51) com o qual, Senhor, os teus inimigos têm difamado, com o qual têm difamado as pisadas do teu ungido. (52) Bendito seja o Senhor para sempre. Amém e Amém.

SALMO 90

PARA PAZ FÍSICA, MENTAL E ESPIRITUAL

Para ter paz física, mental, espiritual e acalmar os corações desajustados pelas aflições da vida, ore o Salmo 90 diariamente.

(1) Senhor, tu tens sido o nosso refúgio, de geração em geração. (2) Antes que os montes nascessem, ou que tu formasses a terra e o mundo, mesmo de eternidade a eternidade, tu és Deus. (3) Tu reduzes o homem à destruição; e dizes: Tornai-vos, filhos dos homens. (4) Porque mil anos são aos teus olhos como o dia de ontem que passou, e como a vigília da noite. (5) Tu os levas como uma corrente de água; são como um sono; de manhã são como a erva que cresce. (6) De madrugada floresce e cresce; à tarde corta-se e seca. (7) Pois somos consumidos pela tua ira, e pelo teu furor somos angustiados. (8) Diante de ti puseste as nossas iniquidades, os nossos pecados ocultos, à luz do teu rosto. (9) Pois todos os nossos dias vão passando na tua indignação; passamos os nossos anos como um conto que se conta. (10) Os dias da nossa vida chegam a setenta anos, e se alguns, pela sua robustez, chegam a oitenta anos, o orgulho deles é canseira e enfado, pois cedo se corta e vamos voando. (11) Quem conhece o poder da tua ira? Segundo és tremendo, assim é o teu furor. (12) Ensina-nos a contar os nossos dias, de tal maneira que alcancemos corações sábios. (13) Volta-te para nós, Senhor; até quando? Aplaca-te para com os teus servos.

(14) Farta-nos de madrugada com a tua benignidade, para que nos regozijemos, e nos alegremos todos os nossos dias. (15) Alegra-nos pelos dias em que nos afligiste, e pelos anos em que vimos o mal. (16) Apareça a tua obra aos teus servos, e a tua glória sobre seus filhos. (17) E seja sobre nós a formosura do Senhor nosso Deus, e confirma sobre nós a obra das nossas mãos; sim, confirma a obra das nossas mãos.

SALMO 91

PARA TER FÉ NO DIVINO

O Salmo 91 é um dos mais fortes! É o Salmo da esperança, da confiança no invisível, da certeza de que uma força maior sempre nos ajuda a resolver todos os problemas, por mais difíceis que eles possam parecer. Ore o Salmo 91 toda noite, pedindo paz a Deus. Deixe sempre uma Bíblia aberta neste salmo dentro de casa.

(1) Aquele que habita no esconderijo do Altíssimo, à sombra do Onipotente descansará. (2) Direi do Senhor: Ele é o meu Deus, o meu refúgio, a minha fortaleza, e nele confiarei. (3) Porque ele te livrará do laço do passarinheiro, e da peste perniciosa. (4) Ele te cobrirá com as suas penas, e debaixo das suas asas te confiarás; a sua verdade será o teu escudo e broquel. (5) Não terás medo do terror de noite nem da seta que voa de dia. (6) Nem da peste que anda na escuridão, nem da mortandade que assola ao meio-dia. (7) Mil cairão ao teu lado, e dez mil à tua direita, mas não chegará a ti. (8) Somente com os teus olhos contemplarás, e verás a recompensa dos ímpios. (9) Porque tu, ó Senhor, és o meu refúgio. No Altíssimo fizeste a tua habitação. (10) Nenhum mal te sucederá, nem praga alguma chegará à tua tenda. (11) Porque aos seus anjos dará ordem a teu respeito, para te guardarem em todos os teus caminhos. (12) Eles te sustentarão nas suas mãos, para que não tropeces com o teu pé em pedra. (13) Pisarás o leão e a

cobra; calcarás aos pés o filho do leão e a serpente. (14) Porquanto tão encarecidamente me amou, também eu o livrarei; pô-lo-ei em retiro alto, porque conheceu o meu nome. (15) Ele me invocará, e eu lhe responderei; estarei com ele na angústia; dela o retirarei, e o glorificarei. (16) Fartá-lo-ei com longura de dias, e lhe mostrarei a minha salvação.

SALMO 92

PARA ALCANÇAR UM MILAGRE

Se você tem algum familiar muito doente, peça um milagre orando este Salmo por sessenta dias consecutivos, sempre com muita fé.

(1) Bom é louvar ao Senhor, e cantar louvores ao teu nome, ó Altíssimo; (2) para de manhã anunciar a tua benignidade, e todas as noites a tua fidelidade; (3) sobre um instrumento de dez cordas, e sobre o saltério; sobre a harpa com som solene. (4) Pois tu, Senhor, me alegraste pelos teus feitos; exultarei nas obras das tuas mãos. (5) Quão grandes são, Senhor, as tuas obras! Mui profundos são os teus pensamentos. (6) O homem brutal não conhece, nem o louco entende isto. (7) Quando o ímpio crescer como a erva, e quando florescerem todos os que praticam a iniquidade, é que serão destruídos perpetuamente. (8) Mas tu, Senhor, és o Altíssimo para sempre. (9) Pois eis que os teus inimigos, Senhor, eis que os teus inimigos perecerão; serão dispersos todos os que praticam a iniquidade. (10) Porém tu exaltarás o meu poder, como o do boi selvagem. Serei ungido com óleo fresco. (11) Os meus olhos verão o meu desejo sobre os meus inimigos, e os meus ouvidos ouvirão o meu desejo acerca dos malfeitores que se levantam contra mim. (12) O justo florescerá como a palmeira; crescerá como o cedro no Líbano. (13) Os

que estão plantados na casa do Senhor florescerão nos átrios do nosso Deus. (14) Na velhice ainda darão frutos; serão viçosos e vigorosos, (15) para anunciar que o Senhor é reto. Ele é a minha rocha e nele não há injustiça.

SALMO 93

CONTRA A HIPERTENSÃO

Você que sofre de hipertensão, fica nervoso e estressado o tempo inteiro e não consegue relaxar nem um minuto sequer, deve orar o Salmo 93 toda quarta-feira. Tente não levar a vida tão a sério!

(1) O Senhor reina; está vestido de majestade. O Senhor se revestiu e cingiu de poder; o mundo também está firmado, e não poderá vacilar. (2) O teu trono está firme desde então; tu és desde a eternidade. (3) Os rios levantam, ó Senhor, os rios levantam o seu ruído, os rios levantam as suas ondas. (4) Mas o Senhor nas alturas é mais poderoso do que o ruído das grandes águas e do que as grandes ondas do mar. (5) Mui fiéis são os teus testemunhos; a santidade convém à tua casa, Senhor, para sempre.

SALMO 94

PARA AFASTAR PESSOAS RUINS

Se você está sofrendo ameaças, ore o Salmo 94 por dezesseis dias consecutivos. O opressor não lhe causará mais problemas.

(1) Ó Senhor Deus, a quem a vingança pertence, ó Deus, a quem a vingança pertence, mostra-te resplandecente. (2) Exalta-te, tu, que és juiz da terra; dá a paga aos soberbos. (3) Até quando os ímpios, Senhor, até quando os ímpios saltarão de prazer? (4) Até quando proferirão, e falarão coisas duras, e se gloriarão todos os que praticam a iniquidade? (5) Reduzem a pedaços o teu povo, ó Senhor, e afligem a tua herança. (6) Matam a viúva e o estrangeiro, e ao órfão tiram a vida. (7) Contudo dizem: O Senhor não o verá; nem para isso atenderá o Deus de Jacó. (8) Atendei, ó brutais dentre o povo; e vós, loucos, quando sereis sábios? (9) Aquele que fez o ouvido não ouvirá? E o que formou o olho, não verá? (10) Aquele que argui os gentios não castigará? E o que ensina ao homem o conhecimento, não saberá? (11) O Senhor conhece os pensamentos do homem, que são vaidade. (12) Bem-aventurado é o homem a quem tu castigas, ó Senhor, e a quem ensinas a tua lei; (13) Para lhe dares descanso dos dias maus, até que se abra a cova para o ímpio. (14) Pois o Senhor não rejeitará o seu povo, nem desamparará a sua herança. (15) Mas o juízo voltará à retidão, e segui-lo-ão todos os retos de coração. (16) Quem será

por mim contra os malfeitores? Quem se porá por mim contra os que praticam a iniquidade? (17) Se o Senhor não tivera ido em meu auxílio, a minha alma quase que teria ficado no silêncio. (18) Quando eu disse: O meu pé vacila; a tua benignidade, Senhor, me susteve. (19) Na multidão dos meus pensamentos dentro de mim, as tuas consolações recrearam a minha alma. (20) Porventura o trono de iniquidade te acompanha, o qual forja o mal por uma lei? (21) Eles se ajuntam contra a alma do justo, e condenam o sangue inocente. (22) Mas o Senhor é a minha defesa; e o meu Deus é a rocha do meu refúgio. (23) E trará sobre eles a sua própria iniquidade; e os destruirá na sua própria malícia; o Senhor nosso Deus os destruirá.

SALMO 95

PARA TER PODER DE DECISÃO

Se você tem uma grande decisão a fazer e não sabe que rumo tomar, ore o Salmo 95 todas as manhãs para que tudo se esclareça em sua mente.

(1) Vinde, cantemos ao Senhor; jubilemos à rocha da nossa salvação. (2) Apresentemo-nos ante a sua face com louvores, e celebremo-lo com salmos. (3) Porque o Senhor é Deus grande, e Rei grande sobre todos os deuses. (4) Nas suas mãos estão as profundezas da terra, e as alturas dos montes são suas. (5) Seu é o mar, e ele o fez, e as suas mãos formaram a terra seca. (6) Ó, vinde, adoremos e prostremo-nos; ajoelhemos diante do Senhor que nos criou. (7) Porque ele é o nosso Deus, e nós povo do seu pasto e ovelhas da sua mão. Se hoje ouvirdes a sua voz, (8) não endureçais os vossos corações, assim como na provocação e como no dia da tentação no deserto; (9) quando vossos pais me tentaram, me provaram, e viram a minha obra. (10) Quarenta anos estive desgostado com esta geração, e disse: É um povo que erra de coração, e não tem conhecido os meus caminhos. (11) A quem jurei na minha ira que não entrarão no meu repouso.

SALMO 96

PARA TER HARMONIA NO LAR

Se sua família sempre briga à toa, ore o Salmo 96 para que a harmonia volte a reinar em seu lar.

(1) Cantai ao Senhor um cântico novo, cantai ao Senhor toda a terra. (2) Cantai ao Senhor, bendizei o seu nome; anunciai a sua salvação de dia em dia. (3) Anunciai entre as nações a sua glória; entre todos os povos as suas maravilhas. (4) Porque grande é o Senhor, e digno de louvor, mais temível do que todos os deuses. (5) Porque todos os deuses dos povos são ídolos, mas o Senhor fez os céus. (6) Glória e majestade estão ante a sua face, força e formosura no seu santuário. (7) Dai ao Senhor, ó famílias dos povos, dai ao Senhor glória e força. (8) Dai ao Senhor a glória devida ao seu nome; trazei oferenda, e entrai nos seus átrios. (9) Adorai ao Senhor na beleza da santidade; tremei diante dele toda a terra. (10) Dizei entre os gentios que o Senhor reina. O mundo também se firmará para que se não abale; julgará os povos com retidão. (11) Alegrem-se os céus, e regozije-se a terra; brame o mar e a sua plenitude. (12) Alegre-se o campo com tudo o que há nele; então se regozijarão todas as árvores do bosque, (13) Ante a face do Senhor, porque vem, porque vem a julgar a terra; julgará o mundo com justiça e os povos com a sua verdade.

SALMO 97

PARA TER HARMONIA CONJUGAL

Se sua vida conjugal anda em desarmonia, ore o Salmo 97 por trinta dias consecutivos. Sua relação só tem a ganhar.

(1) O Senhor reina; regozije-se a terra; alegrem-se as muitas ilhas. (2) Nuvens e escuridão estão ao redor dele; justiça e juízo são a base do seu trono. (3) Um fogo vai adiante dele, e abrasa os seus inimigos em redor. (4) Os seus relâmpagos iluminam o mundo; a terra viu e tremeu. (5) Os montes derretem como cera na presença do Senhor, na presença do Senhor de toda a terra. (6) Os céus anunciam a sua justiça, e todos os povos veem a sua glória. (7) Confundidos sejam todos os que servem imagens de escultura, que se gloriam de ídolos; prostrai-vos diante dele todos os deuses. (8) Sião ouviu e se alegrou; e os filhos de Judá se alegraram por causa da tua justiça, ó Senhor. (9) Pois tu, Senhor, és o mais alto sobre toda a terra; tu és muito mais exaltado do que todos os deuses. (10) Vós, que amais ao Senhor, odiai o mal. Ele guarda as almas dos seus santos; ele os livra das mãos dos ímpios. (11) A luz semeia-se para o justo, e a alegria para os retos de coração. (12) Alegrai-vos, ó justos, no Senhor, e dai louvores à memória da sua santidade.

SALMO 98

PARA PROMOVER RECONCILIAÇÃO

Este Salmo é indicado para você que brigou com seu companheiro(a), amigo(a) ou familiar. Ore o Salmo 98 por trinta dias consecutivos para que vocês se reconciliem.

(1) Cantai ao Senhor um cântico novo, porque fez maravilhas; a sua destra e o seu braço santo lhe alcançaram a salvação. (2) O Senhor fez notória a sua salvação, manifestou a sua justiça perante os olhos dos gentios. (3) Lembrou-se da sua benignidade e da sua verdade para com a casa de Israel; todas as extremidades da terra viram a salvação do nosso Deus. (4) Exultai no Senhor toda a terra; exclamai e alegrai-vos de prazer, e cantai louvores. (5) Cantai louvores ao Senhor com a harpa; com a harpa e a voz do canto. (6) Com trombetas e som de cornetas, exultai perante a face do Senhor, do Rei. (7) Brame o mar e a sua plenitude; o mundo, e os que nele habitam. (8) Os rios batam as palmas; regozijem-se também as montanhas, (9) perante a face do Senhor, porque vem a julgar a terra; com justiça julgará o mundo, e o povo com equidade.

SALMO 99

PELA EVOLUÇÃO ESPIRITUAL

Este Salmo é importantíssimo para quem quer conseguir evoluir espiritualmente. Ore-o todas as noites e peça ajuda ao seu Anjo da Guarda.

(1) O Senhor reina; tremam os povos. Ele está assentado entre os querubins; comova-se a terra. (2) O Senhor é grande em Sião, e mais alto do que todos os povos. (3) Louvem o teu nome, grande e tremendo, pois é santo. (4) Também o poder do Rei ama o juízo; tu firmas a equidade, fazes juízo e justiça em Jacó. (5) Exaltai ao Senhor nosso Deus, e prostrai-vos diante do escabelo de seus pés, pois é santo. (6) Moisés e Arão, entre os seus sacerdotes, e Samuel entre os que invocam o seu nome, clamavam ao Senhor, e Ele lhes respondia. (7) Na coluna de nuvem lhes falava; eles guardaram os seus testemunhos, e os estatutos que lhes dera. (8) Tu os escutaste, Senhor nosso Deus: tu foste um Deus que lhes perdoaste, ainda que tomaste vingança dos seus feitos. (9) Exaltai ao Senhor nosso Deus e adorai-o no seu monte santo, pois o Senhor nosso Deus é santo.

SALMO 100

PARA COMBATER DORES NA COLUNA

Dores na coluna significam que você não sabe que rumo tomar na vida. Ore o Salmo 100 toda quarta-feira. O problema na coluna melhorará se você for menos indeciso e mais objetivo.

(1) Celebrai com júbilo ao Senhor, todas as terras. (2) Servi ao Senhor com alegria; e entrai diante dele com canto. (3) Sabei que o Senhor é Deus; foi ele que nos fez, e não nós a nós mesmos; somos povo seu e ovelhas do seu pasto. (4) Entrai pelas portas dele com gratidão, e em seus átrios com louvor; louvai-o, e bendizei o seu nome. (5) Porque o Senhor é bom, e eterna a sua misericórdia; e a sua verdade dura de geração em geração.

SALMO 101

PARA QUEM TEM PROBLEMAS PSICOLÓGICOS

Se você tem algum familiar que começou a dar indícios de loucura ou que já está internado com distúrbios psíquicos ou psicológicos, reforce suas orações diárias com o Salmo 101 e procure profissionais competentes.

(1) Cantarei a misericórdia e o juízo; a ti, Senhor, cantarei. (2) Portar-me-ei com inteligência no caminho reto. Quando virás a mim? Andarei em minha casa com um coração sincero. (3) Não porei coisa má diante dos meus olhos. Odeio a obra daqueles que se desviam; não se me pegará a mim. (4) Um coração perverso se apartará de mim; não conhecerei o homem mau. (5) Aquele que murmura do seu próximo às escondidas, eu o destruirei; aquele que tem olhar altivo e coração soberbo, não suportarei. (6) Os meus olhos estarão sobre os fiéis da terra, para que se assentem comigo; o que anda num caminho reto, esse me servirá. (7) O que usa de engano não ficará dentro da minha casa; o que fala mentiras não estará firme perante os meus olhos. (8) Pela manhã destruirei todos os ímpios da terra, para desarraigar da cidade do Senhor todos os que praticam a iniquidade.

SALMO 102

PARA TER FERTILIDADE

Se você não consegue engravidar de jeito nenhum, ore o Salmo 102 toda quarta-feira e faça dezesseis missas para suas avós e bisavós, se elas forem desencarnadas. Tenha fé e pense positivo para realizar o sonho de ser mãe.

(1) Senhor, ouve a minha oração, e chegue a ti o meu clamor. (2) Não escondas de mim o teu rosto no dia da minha angústia, inclina para mim os teus ouvidos; no dia em que eu clamar, ouve-me depressa. (3) Porque os meus dias se consomem como a fumaça, e os meus ossos ardem como lenha. (4) O meu coração está ferido e seco como a erva, por isso me esqueço de comer o meu pão. (5) Por causa da voz do meu gemido os meus ossos se apegam à minha pele. (6) Sou semelhante ao pelicano no deserto; sou como um mocho nas solidões. (7) Vigio, sou como o pardal solitário no telhado. (8) Os meus inimigos me afrontam todo o dia; os que se enfurecem contra mim têm jurado contra mim. (9) Pois tenho comido cinza como pão, e misturado com lágrimas a minha bebida, (10) por causa da tua ira e da tua indignação, pois tu me levantaste e me arremessaste. (11) Os meus dias são como a sombra que declina, e como a erva me vou secando. (12) Mas tu, Senhor, permanecerás para sempre, a tua memória de geração em geração. (13) Tu te levantarás e terás piedade de Sião; pois o tempo de te

compadeceres dela, o tempo determinado, já chegou. (14) Porque os teus servos têm prazer nas suas pedras, e se compadecem do seu pó. (15) Então os gentios temerão o nome do Senhor, e todos os reis da terra a tua glória. (16) Quando o Senhor edificar a Sião, aparecerá na sua glória. (17) Ele atenderá à oração do desamparado, e não desprezará a sua oração. (18) Isto se escreverá para a geração futura; e o povo que se criar louvará ao Senhor. (19) Pois olhou desde o alto do seu santuário, desde os céus o Senhor contemplou a terra, (20) para ouvir o gemido dos presos, para soltar os sentenciados à morte; (21) para anunciarem o nome do Senhor em Sião, e o seu louvor em Jerusalém, (22) quando os povos se ajuntarem, e os reinos, para servirem ao Senhor. (23) Abateu a minha força no caminho; abreviou os meus dias. (24) Dizia eu: Meu Deus, não me leves no meio dos meus dias, os teus anos são por todas as gerações. (25) Desde a antiguidade fundaste a terra, e os céus são obra das tuas mãos. (26) Eles perecerão, mas tu permanecerás; todos eles se envelhecerão como um vestido; como roupa os mudarás, e ficarão mudados. (27) Porém tu és o mesmo, e os teus anos nunca terão fim. (28) Os filhos dos teus servos continuarão, e a sua semente ficará firmada perante ti.

SALMO 103

PARA QUEM SOFRE DE OSTEOPOROSE

Se você tem osteoporose e não quer que o problema se agrave, ore o Salmo 103 toda quarta-feira.

(1) Bendize, ó minha alma, ao Senhor, e tudo o que há em mim bendiga o seu santo nome. (2) Bendize, ó minha alma, ao Senhor, e não te esqueças de nenhum de seus benefícios. (3) Ele é o que perdoa todas as tuas iniquidades, que sara todas as tuas enfermidades, (4) que redime a tua vida da perdição; que te coroa de benignidade e de misericórdia, (5) que farta a tua boca de bens, de sorte que a tua mocidade se renova como a da águia. (6) O Senhor faz justiça e juízo a todos os oprimidos. (7) Fez conhecidos os seus caminhos a Moisés, e os seus feitos aos filhos de Israel. (8) Misericordioso e piedoso é o Senhor; longânimo e grande em benignidade. (9) Não reprovará perpetuamente, nem para sempre reterá a sua ira. (10) Não nos tratou segundo os nossos pecados, nem nos recompensou segundo as nossas iniquidades. (11) Pois assim como o céu está elevado acima da terra, assim é grande a sua misericórdia para com os que o temem. (12) Assim como está longe o oriente do ocidente, assim afasta de nós as nossas transgressões. (13) Assim como um pai se compadece de seus filhos, assim o Senhor se compadece daqueles que o temem. (14) Pois ele conhece a nossa estrutura; lembra-se de que somos pó. (15)

Quanto ao homem, os seus dias são como a erva, como a flor do campo assim floresce. (16) Passando por ela o vento, logo se vai, e o seu lugar não será mais conhecido. (17) Mas a misericórdia do Senhor é desde a eternidade e até a eternidade sobre aqueles que o temem, e a sua justiça sobre os filhos dos filhos; (18) sobre aqueles que guardam a sua aliança, e sobre os que se lembram dos seus mandamentos para os cumprir. (19) O Senhor tem estabelecido o seu trono nos céus, e o seu reino domina sobre tudo. (20) Bendizei ao Senhor, todos os seus anjos, vós que excedeis em força, que guardais os seus mandamentos, obedecendo à voz da sua palavra. (21) Bendizei ao Senhor, todos os seus exércitos, vós ministros seus, que executais o seu beneplácito. (22) Bendizei ao Senhor, todas as suas obras, em todos os lugares do seu domínio; bendize, ó minha alma, ao Senhor.

SALMO 104

PARA NEUTRALIZAR O MAL CAUSADO POR VIZINHOS

Se você tem muitos problemas de convivência em sua vizinhança, ore o Salmo 104 todos os dias. Seu vizinho nunca mais te perturbará!

(1) Bendize, ó minha alma, ao Senhor! Senhor Deus meu, tu és magnificentíssimo; estás vestido de glória e de majestade. (2) Ele se cobre de luz como de um vestido, estende os céus como uma cortina. (3) Põe nas águas as vigas das suas câmaras; faz das nuvens o seu carro, anda sobre as asas do vento. (4) Faz dos seus anjos espíritos, dos seus ministros um fogo abrasador. (5) Lançou os fundamentos da terra; ela não vacilará em tempo algum. (6) Tu a cobriste com o abismo, como com um vestido; as águas estavam sobre os montes. (7) À tua repreensão fugiram; à voz do teu trovão se apressaram. (8) Subiram aos montes, desceram aos vales, até ao lugar que para elas fundaste. (9) Termo lhes puseste, que não ultrapassarão, para que não tornem mais a cobrir a terra. (10) Tu, que fazes sair as fontes nos vales, as quais correm entre os montes. (11) Dão de beber a todo o animal do campo; os jumentos monteses matam a sua sede. (12) Junto delas as aves do céu terão a sua habitação, cantando entre os ramos. (13) Ele rega os montes desde as suas câmaras; a terra farta-se do fruto das suas obras. (14) Faz crescer a erva para o gado, e a verdura para o serviço do

homem, para fazer sair da terra o pão, (15) e o vinho que alegra o coração do homem, e o azeite que faz reluzir o seu rosto, e o pão que fortalece o coração do homem. (16) As árvores do Senhor fartam-se de seiva, os cedros do Líbano que ele plantou, (17) onde as aves se aninham; quanto à cegonha, a sua casa é nas faias. (18) Os altos montes são para as cabras monteses, e os rochedos são refúgio para os coelhos. (19) Designou a lua para as estações; o sol conhece o seu ocaso. (20) Ordenas a escuridão, e faz-se noite, na qual saem todos os animais da selva. (21) Os leõezinhos bramam pela presa, e de Deus buscam o seu sustento. (22) Nasce o sol e logo se acolhem, e se deitam nos seus covis. (23) Então sai o homem à sua obra e ao seu trabalho, até à tarde. (24) Ó Senhor, quão variadas são as tuas obras! Todas as coisas fizeste com sabedoria; cheia está a terra das tuas riquezas. (25) Assim é este mar grande e muito espaçoso, onde há seres sem número, animais pequenos e grandes. (26) Ali andam os navios; e o leviatã que formaste para nele folgar. (27) Todos esperam de ti, que lhes dês o seu sustento em tempo oportuno. (28) Dando-lho tu, eles o recolhem; abres a tua mão, e se enchem de bens. (29) Escondes o teu rosto, e ficam perturbados; se lhes tiras o fôlego, morrem, e voltam para o seu pó. (30) Envias o teu Espírito, e são criados, e assim renovas a face da terra. (31) A glória do Senhor durará para sempre; o Senhor se alegrará nas suas obras. (32) Olhando ele para a terra, ela treme; tocando nos montes, logo fumegam. (33) Cantarei ao Senhor enquanto eu viver; cantarei louvores ao meu Deus, enquanto eu tiver existência. (34) A minha meditação acerca dele será suave; eu me alegrarei no Senhor. (35) Desapareçam da terra os pecadores, e os ímpios não sejam mais. Bendize, ó minha alma, ao Senhor. Louvai ao Senhor.

SALMO 105

CONTRA COBREIRO

Se você tem problemas de pele, doenças eruptivas ou cobreiros ore o Salmo 105 com muita fé toda quarta-feira à noite.

(1) Louvai ao Senhor, e invocai o seu nome; fazei conhecidas as suas obras entre os povos. (2) Cantai-lhe, cantai-lhe salmos; falai de todas as suas maravilhas. (3) Gloriai-vos no seu santo nome; alegre-se o coração daqueles que buscam ao Senhor. (4) Buscai ao Senhor e a sua força; buscai a sua face continuamente. (5) Lembrai-vos das maravilhas que fez, dos seus prodígios e dos juízos da sua boca; (6) vós, semente de Abraão, seu servo, vós, filhos de Jacó, seus escolhidos. (7) Ele é o Senhor nosso Deus; os seus juízos estão em toda a terra. (8) Lembrou-se da sua aliança para sempre, da palavra que mandou a milhares de gerações. (9) A qual aliança fez com Abraão, e o seu juramento a Isaque. (10) E confirmou o mesmo a Jacó por lei, e a Israel por aliança eterna, (11) dizendo: A ti darei a terra de Canaã, a região da vossa herança. (12) Quando eram poucos homens em número, sim, mui poucos, e estrangeiros nela; (13) quando andavam de nação em nação e dum reino para outro povo; (14) Não permitiu a ninguém que os oprimisse, e por amor deles repreendeu a reis, dizendo: (15) Não toqueis os meus ungidos, e não maltrateis os meus profetas. (16) Chamou a fome sobre

a terra, quebrantou todo o sustento do pão. (17) Mandou perante eles um homem, José, que foi vendido por escravo; (18) cujos pés apertaram com grilhões; foi posto em ferros; (19) até ao tempo em que chegou a sua palavra; a palavra do Senhor o provou. (20) Mandou o rei, e o fez soltar; o governador dos povos, e o soltou. (21) Fê-lo senhor da sua casa, e governador de toda a sua fazenda; (22) para sujeitar os seus príncipes a seu gosto, e instruir os seus anciãos. (23) Então Israel entrou no Egito, e Jacó peregrinou na terra de Cão. (24) E aumentou o seu povo em grande maneira, e o fez mais poderoso do que os seus inimigos. (25) Virou o coração deles para que odiassem o seu povo, para que tratassem astutamente aos seus servos. (26) Enviou Moisés, seu servo, e Arão, a quem escolhera. (27) Mostraram entre eles os seus sinais e prodígios, na terra de Cão. (28) Mandou trevas, e a fez escurecer; e não foram rebeldes à sua palavra. (29) Converteu as suas águas em sangue, e matou os seus peixes. (30) A sua terra produziu rãs em abundância, até nas câmaras dos seus reis. (31) Falou ele, e vieram enxames de moscas e piolhos em todo o seu termo. (32) Converteu as suas chuvas em saraiva, e fogo abrasador na sua terra. (33) Feriu as suas vinhas e os seus figueirais, e quebrou as árvores dos seus termos. (34) Falou ele e vieram gafanhotos e pulgão sem número. (35) E comeram toda a erva da sua terra, e devoraram o fruto dos seus campos. (36) Feriu também a todos os primogênitos da sua terra, as primícias de todas as suas forças. (37) E tirou-os para fora com prata e ouro, e entre as suas tribos não houve um só fraco. (38) O Egito se alegrou quando eles saíram, porque o seu temor caíra sobre eles. (39) Estendeu uma nuvem por coberta, e um fogo para iluminar de noite. (40) Oraram, e ele fez vir codornizes, e os fartou de pão do céu. (41) Abriu a penha, e dela correram águas; correram pelos lugares secos, como um rio. (42) Porque se lembrou da sua santa palavra, e de Abraão, seu servo. (43) E tirou dali o seu povo com alegria, e os seus escolhidos com regozijo. (44) E deu-lhes as terras dos gentios; e herdaram o trabalho dos povos; (45) para que guardassem os seus preceitos, e observassem as suas leis. Louvai ao Senhor.

SALMO 106

PARA PREVENIR DOENÇAS CONTAGIOSAS

O Salmo 106 é ótimo para prevenir doenças contagiosas. Proteja-se fazendo esta oração toda quarta-feira.

(1) Louvai ao Senhor. Louvai ao Senhor, porque ele é bom, porque a sua misericórdia dura para sempre. (2) Quem pode contar as obras poderosas do Senhor? Quem anunciará os seus louvores? (3) Bem-aventurados os que guardam o juízo, o que pratica justiça em todos os tempos. (4) Lembra-te de mim, Senhor, segundo a tua boa vontade para com o teu povo; visita-me com a tua salvação. (5) Para que eu veja os bens de teus escolhidos, para que eu me alegre com a alegria da tua nação, para que me glorie com a tua herança. (6) Nós pecamos como os nossos pais, cometemos a iniquidade, andamos perversamente. (7) Nossos pais não entenderam as tuas maravilhas no Egito; não se lembraram da multidão das tuas misericórdias; antes o provocaram no mar, sim no Mar Vermelho. (8) Não obstante, ele os salvou por amor do seu nome, para fazer conhecido o seu poder. (9) Repreendeu, também, o Mar Vermelho, e este se secou, e os fez caminhar pelos abismos como pelo deserto. (10) E os livrou da mão daquele que os odiava, e os remiu da mão do inimigo. (11) E as águas cobriram os seus adversários; nem um só deles ficou. (12) Então creram nas suas palavras, e cantaram os seus louvores. (13) Porém cedo se esqueceram das suas obras; não

esperaram o seu conselho. (14) Mas deixaram-se levar à cobiça no deserto, e tentaram a Deus na solidão. (15) E ele lhes cumpriu o seu desejo, mas enviou magreza às suas almas. (16) E invejaram a Moisés no campo, e a Arão, o santo do Senhor. (17) Abriu-se a terra, e engoliu a Datã, e cobriu o grupo de Abirão. (18) E um fogo se acendeu no seu grupo; a chama abrasou os ímpios. (19) Fizeram um bezerro em Horebe e adoraram a imagem fundida. (20) E converteram a sua glória na figura de um boi que come erva. (21) Esqueceram-se de Deus, seu Salvador, que fizera grandezas no Egito, (22) maravilhas na terra de Cão, coisas tremendas no Mar Vermelho. (23) Por isso disse que os destruiria, não houvesse Moisés, seu escolhido, ficado perante ele na brecha, para desviar a sua indignação, a fim de não os destruir. (24) Também desprezaram a terra aprazível; não creram na sua palavra. (25) Antes murmuraram nas suas tendas, e não deram ouvidos à voz do Senhor. (26) Por isso levantou a sua mão contra eles, para os derrubar no deserto; (27) para derrubar também a sua semente entre as nações, e espalhá-los pelas terras. (28) Também se juntaram com Baal-Peor, e comeram os sacrifícios dos mortos. (29) Assim o provocaram à ira com as suas invenções; e a peste rebentou entre eles. (30) Então se levantou Fineias, e fez juízo, e cessou aquela peste. (31) E isto lhe foi contado como justiça, de geração em geração, para sempre. (32) Indignaram-no também junto às águas da contenda, de sorte que sucedeu mal a Moisés, por causa deles; (33) porque irritaram o seu espírito, de modo que falou imprudentemente com seus lábios. (34) Não destruíram os povos, como o Senhor lhes dissera. (35) Antes se misturaram com os gentios, e aprenderam as suas obras. (36) E serviram aos seus ídolos, que vieram a ser-lhes um laço. (37) Demais disto, sacrificaram seus filhos e suas filhas aos demônios, (38) e derramaram sangue inocente, o sangue de seus filhos e de suas filhas que sacrificaram aos ídolos de Canaã; e a terra foi manchada com sangue. (39) Assim se contaminaram com as suas obras, e se corromperam com os seus feitos. (40) Então se acendeu a ira do Senhor contra o seu povo, de modo que abominou a sua herança. (41) E os entregou nas mãos dos gentios; e aqueles que os odiavam se assenhorearam deles. (42) E os seus inimigos os oprimiram, e foram humilhados debaixo das suas mãos. (43) Muitas vezes os livrou, mas o provocaram com o seu conselho, e foram abatidos pela sua iniquidade. (44) Contudo, atendeu à sua aflição, ouvindo o seu clamor. (45) E se lembrou da sua aliança, e se arrependeu segundo a multidão das suas misericórdias. (46) Assim, também fez com que deles tivessem misericórdia os que os levaram cativos. (47) Salva-nos, Senhor nosso Deus, e congrega-nos dentre os gentios, para que louvemos o teu nome santo, e nos gloriemos no teu louvor. (48) Bendito seja o Senhor Deus de Israel, de eternidade em eternidade, e todo o povo diga: Amém. Louvai ao Senhor.

SALMO 107

PARA COMBATER CÓLICAS MENSTRUAIS

Se você sofre muito com cólicas menstruais e não consegue se sentir bem durante esse período, ore o Salmo 107 à noite, na época da menstruação. Isso aliviará as dores e você conseguirá ficar bem.

(1) Louvai ao Senhor, porque ele é bom, porque a sua benignidade dura para sempre. (2) Digam-no os remidos do Senhor, os que remiu da mão do inimigo, (3) E os que congregou das terras do oriente e do ocidente, do norte e do sul. (4) Andaram desgarrados pelo deserto, por caminhos solitários; não acharam cidade para habitarem. (5) Famintos e sedentos, a sua alma neles desfalecia. (6) E clamaram ao Senhor na sua angústia, e os livrou das suas dificuldades. (7) E os levou por caminho direito, para irem a uma cidade de habitação. (8) Louvem ao Senhor pela sua bondade, e pelas suas maravilhas para com os filhos dos homens. (9) Pois fartou a alma sedenta, e encheu de bens a alma faminta. (10) Tal como a que se assenta nas trevas e sombra da morte, presa em aflição e em ferro; (11) porquanto se rebelaram contra as palavras de Deus, e desprezaram o conselho do Altíssimo. (12) Portanto, lhes abateu o coração com trabalho; tropeçaram, e não houve quem os ajudasse. (13) Então clamaram ao Senhor na sua angústia, e os livrou das suas dificuldades. (14) Tirou-os das trevas e sombra da

morte; e quebrou as suas prisões. (15) Louvem ao Senhor pela sua bondade, e pelas suas maravilhas para com os filhos dos homens. (16) Pois quebrou as portas de bronze, e despedaçou os ferrolhos de ferro. (17) Os loucos, por causa da sua transgressão, e por causa das suas iniquidades, são aflitos. (18) A sua alma aborreceu toda a comida, e chegaram até às portas da morte. (19) Então clamaram ao Senhor na sua angústia, e ele os livrou das suas dificuldades. (20) Enviou a sua palavra, e os sarou; e os livrou da sua destruição. (21) Louvem ao Senhor pela sua bondade, e pelas suas maravilhas para com os filhos dos homens. (22) E ofereçam os sacrifícios de louvor, e relatem as suas obras com regozijo. (23) Os que descem ao mar em navios, mercando nas grandes águas. (24) Esses veem as obras do Senhor, e as suas maravilhas no profundo. (25) Pois ele manda, e se levanta o vento tempestuoso que eleva as suas ondas. (26) Sobem aos céus; descem aos abismos, e a sua alma se derrete em angústias. (27) Andam e cambaleiam como ébrios, e perderam todo o tino. (28) Então clamam ao Senhor na sua angústia; e ele os livra das suas dificuldades. (29) Faz cessar a tormenta, e acalmam-se as suas ondas. (30) Então se alegram, porque se aquietaram; assim os leva ao seu porto desejado. (31) Louvem ao Senhor pela sua bondade, e pelas suas maravilhas para com os filhos dos homens. (32) Exaltem-no na congregação do povo, e glorifiquem-no na assembleia dos anciãos. (33) Ele converte os rios em um deserto, e as fontes em terra sedenta; (34) a terra frutífera em estéril, pela maldade dos que nela habitam. (35) Converte o deserto em lagoa, e a terra seca em fontes. (36) E faz habitar ali os famintos, para que edifiquem cidade para habitação; (37) e semeiam os campos e plantam vinhas, que produzem fruto abundante. (38) Também os abençoa, de modo que se multiplicam muito; e o seu gado não diminui. (39) Depois se diminuem e se abatem, pela opressão, e aflição e tristeza. (40) Derrama o desprezo sobre os príncipes, e os faz andar desgarrados pelo deserto, onde não há caminho. (41) Porém livra ao necessitado da opressão, em um lugar alto, e multiplica as famílias como rebanhos. Os retos o verão, e se alegrarão, e toda a iniquidade tapará a boca. (42) Quem é sábio observará estas coisas, e eles compreenderão as benignidades do Senhor. (43) Quem é sábio observará estas coisas, e eles compreenderão as benignidades do Senhor.

SALMO 108

PARA PERÍODOS DE MUDANÇA DE VIDA

Se você está em um período de mudanças, seja de emprego, ambiente ou parceiro, ore o Salmo 108. As transformações significativas na sua vida serão bem-sucedidas se você as encarar como um caminho natural.

(1) Preparado está o meu coração, ó Deus; cantarei e darei louvores até com a minha glória. (2) Despertai, saltério e harpa; eu mesmo despertarei ao romper da alva. (3) Louvar-te-ei entre os povos, Senhor, e a ti cantarei louvores entre as nações. (4) Porque a tua benignidade se estende até aos céus, e a tua verdade chega até às mais altas nuvens. (5) Exalta-te sobre os céus, ó Deus, e a tua glória sobre toda a terra. (6) Para que sejam livres os teus amados, salva-nos com a tua destra, e ouve-nos. (7) Deus falou na sua santidade; eu me regozijarei; repartirei a Siquém, e medirei o vale de Sucote. (8) Meu é Gileade, meu é Manassés; e Efraim a força da minha cabeça, Judá o meu legislador. (9) Moabe a minha bacia de lavar; sobre Edom lançarei o meu sapato, sobre a Filístia jubilarei. (10) Quem me levará à cidade forte? Quem me guiará até Edom? (11) Porventura não serás tu, ó Deus, que nos rejeitaste? E não sairás, ó Deus, com os nossos exércitos? (12) Dá-nos auxílio para sair da angústia, porque vão é o socorro da parte do homem. (13) Em Deus faremos proezas, pois ele calcará aos pés os nossos inimigos.

SALMO 109

PARA DOMINAR SITUAÇÕES DIFÍCEIS

Se você sofre opressão do chefe, do marido, dos amigos ou dos pais e não consegue fazer as coisas que tem vontade, ore o Salmo 109 diariamente. Chegou a hora de se impor!

(1) Ó Deus do meu louvor, não te cales, (2) pois a boca do ímpio e a boca do enganador estão abertas contra mim. Têm falado contra mim com uma língua mentirosa. (3) Eles me cercaram com palavras odiosas, e pelejaram contra mim sem causa. (4) Em recompensa do meu amor são meus adversários; mas eu faço oração. (5) E me deram mal pelo bem, e ódio pelo meu amor. (6) Põe sobre ele um ímpio, e Satanás esteja à sua direita. (7) Quando for julgado, saia condenado; e a sua oração se lhe torne em pecado. (8) Sejam poucos os seus dias, e outro tome o seu ofício. (9) Sejam órfãos os seus filhos, e viúva sua mulher. (10) Sejam vagabundos e pedintes os seus filhos, e busquem pão fora dos seus lugares desolados. (11) Lance o credor mão de tudo quanto tenha, e despojem os estranhos o seu trabalho. (12) Não haja ninguém que se compadeça dele, nem haja quem favoreça os seus órfãos. (13) Desapareça a sua posteridade, o seu nome seja apagado na seguinte geração. (14) Esteja na memória do Senhor a iniquidade de seus pais, e não se apague o pecado de sua mãe. (15) Antes estejam sempre perante o Senhor, para que faça desaparecer a sua

memória da terra. (16) Porquanto não se lembrou de fazer misericórdia; antes perseguiu ao homem aflito e ao necessitado, para que pudesse até matar o quebrantado de coração. (17) Visto que amou a maldição, ela lhe sobrevenha, e assim como não desejou a bênção, ela se afaste dele. (18) Assim como se vestiu de maldição, como sua roupa assim penetre ela nas suas entranhas, como água, e em seus ossos como azeite. (19) Seja para ele como a roupa que o cobre, e como cinto que o cinja sempre. (20) Seja este o galardão dos meus contrários, da parte do Senhor, e dos que falam mal contra a minha alma. (21) Mas tu, ó Deus o Senhor, trata comigo por amor do teu nome, porque a tua misericórdia é boa, livra-me, (22) pois estou aflito e necessitado, e o meu coração está ferido dentro de mim. (23) Vou-me como a sombra que declina; sou sacudido como o gafanhoto. (24) De jejuar estão enfraquecidos os meus joelhos, e a minha carne emagrece. (25) E ainda lhes sou opróbrio; quando me contemplam, movem as cabeças. (26) Ajuda-me, ó Senhor meu Deus, salva-me segundo a tua misericórdia. (27) Para que saibam que esta é a tua mão, e que tu, Senhor, o fizeste. (28) Amaldiçoem eles, mas abençoa tu; quando se levantarem fiquem confundidos; e alegre-se o teu servo. (29) Vistam-se os meus adversários de vergonha, e cubram-se com a sua própria confusão como com uma capa. (30) Louvarei grandemente ao Senhor com a minha boca; louvá-lo-ei entre a multidão. (31) Pois se porá à direita do pobre, para o livrar dos que condenam a sua alma.

SALMO 110

PARA TER EQUILÍBRIO MENTAL

Se você não consegue lidar com os problemas do dia a dia, ore o Salmo 110 toda sexta-feira pedindo equilíbrio mental e sabedoria.

(1) Disse o Senhor ao meu Senhor: Assenta-te à minha mão direita, até que ponha os teus inimigos por escabelo dos teus pés. (2) O Senhor enviará o cetro da tua fortaleza desde Sião, dizendo: Domina no meio dos teus inimigos. (3) O teu povo será mui voluntário no dia do teu poder; nos ornamentos de santidade, desde a madre da alva, tu tens o orvalho da tua mocidade. (4) Jurou o Senhor, e não se arrependerá: Tu és um sacerdote eterno, segundo a ordem de Melquisedeque. (5) O Senhor, à tua direita, ferirá os reis no dia da sua ira. (6) Julgará entre os gentios; tudo encherá de corpos mortos; ferirá os cabeças de muitos países. (7) Beberá do ribeiro no caminho, por isso exaltará a cabeça.

SALMO 111

PARA ENCONTRAR SUA ALMA IDÊNTICA

Este salmo é maravilhoso para você que deseja encontrar um grande e verdadeiro amor. Diariamente, às 21h15, faça esta oração e peça para o Universo te enviar alguém especial.

(1) Louvai ao Senhor. Louvarei ao Senhor de todo o meu coração, na assembleia dos justos e na congregação. (2) Grandes são as obras do Senhor, procuradas por todos os que nelas tomam prazer. (3) A sua obra tem glória e majestade, e a sua justiça permanece para sempre. (4) Fez com que as suas maravilhas fossem lembradas; piedoso e misericordioso é o Senhor. (5) Deu mantimento aos que o temem; lembrar-se-á sempre da sua aliança. (6) Anunciou ao seu povo o poder das suas obras, para lhe dar a herança dos gentios. (7) As obras das suas mãos são verdade e juízo, seguros todos os seus mandamentos. (8) Permanecem firmes para todo o sempre; e são feitos em verdade e retidão. (9) Redenção enviou ao seu povo; ordenou a sua aliança para sempre; santo e tremendo é o seu nome. (10) O temor do Senhor é o princípio da sabedoria; bom entendimento têm todos os que cumprem os seus mandamentos; o seu louvor permanece para sempre.

SALMO 112

PARA ACREDITAR EM SI MESMO

O Salmo 112 é especial para você fortalecer seu interior. Ore-o toda quarta-feira e reserve quinze minutos do dia para conversar consigo mesmo.

(1) Louvai ao Senhor. Bem-aventurado o homem que teme ao Senhor, que em seus mandamentos tem grande prazer. (2) A sua semente será poderosa na terra; a geração dos retos será abençoada. (3) Prosperidade e riquezas haverá na sua casa, e a sua justiça permanece para sempre. (4) Aos justos nasce luz nas trevas; ele é piedoso, misericordioso e justo. (5) O homem bom se compadece, e empresta; disporá as suas coisas com juízo; (6) porque nunca será abalado; o justo estará em memória eterna. (7) Não temerá maus rumores; o seu coração está firme, confiando no Senhor. (8) O seu coração está bem confirmado, ele não temerá, até que veja o seu desejo sobre os seus inimigos. (9) Ele espalhou, deu aos necessitados; a sua justiça permanece para sempre, e a sua força se exaltará em glória. (10) O ímpio o verá, e se entristecerá; rangerá os dentes, e se consumirá; o desejo dos ímpios perecerá.

SALMO 113

PARA EXORCIZAR VODU

Se você sente que alguém fez um trabalho de vodu para você, ore o Salmo 113 durante quarenta e nove dias.

(1) Louvai ao Senhor. Louvai, servos do Senhor, louvai o nome do Senhor. (2) Seja bendito o nome do Senhor, desde agora para sempre. (3) Desde o nascimento do sol até ao ocaso, seja louvado o nome do Senhor. (4) Exaltado está o Senhor acima de todas as nações, e a sua glória sobre os céus. (5) Quem é como o Senhor nosso Deus, que habita nas alturas? (6) O qual se inclina, para ver o que está nos céus e na terra! (7) Levanta o pobre do pó e do monturo levanta o necessitado, (8) para o fazer assentar com os príncipes, mesmo com os príncipes do seu povo. (9) Faz com que a mulher estéril habite em casa, e seja alegre mãe de filhos. Louvai ao Senhor.

SALMO 114

PARA SEU NEGÓCIO PROSPERAR

Se você quer obter prosperidade nos negócios, ore o Salmo 114 toda segunda-feira. Seu negócio estará protegido contra qualquer tipo de energia negativa.

(1) Quando Israel saiu do Egito, e a casa de Jacó de um povo de língua estranha, (2) Judá foi seu santuário, e Israel seu domínio. (3) O mar viu isto, e fugiu; o Jordão voltou para trás. (4) Os montes saltaram como carneiros, e os outeiros como cordeiros. (5) Que tiveste tu, ó mar, que fugiste, e tu, ó Jordão, que voltaste para trás? (6) Montes, que saltastes como carneiros, e outeiros, como cordeiros? (7) Treme, terra, na presença do Senhor, na presença do Deus de Jacó. (8) O qual converteu o rochedo em lago de águas, e o seixo em fonte de água.

SALMO 115

PARA FALAR COM DEUS

O Salmo 115 é para as pessoas que perderam a fé em Deus se redimirem e pedirem perdão a Ele. Nunca perca a esperança e acredite sempre que existe um Pai maior que não desampara seus filhos.

(1) Não a nós, Senhor, não a nós, mas ao teu nome dá glória, por amor da tua benignidade e da tua verdade. (2) Porque dirão os gentios: Onde está o seu Deus? (3) Mas o nosso Deus está nos céus; fez tudo o que lhe agradou. (4) Os ídolos deles são prata e ouro, obra das mãos dos homens. (5) Têm boca, mas não falam; olhos têm, mas não veem. (6) Têm ouvidos, mas não ouvem; narizes têm, mas não cheiram. (7) Têm mãos, mas não apalpam; pés têm, mas não andam; nem som algum sai da sua garganta. (8) A eles se tornem semelhantes os que os fazem, assim como todos os que neles confiam. (9) Israel, confia no Senhor; ele é o seu auxílio e o seu escudo. (10) Casa de Arão, confia no Senhor; ele é o seu auxílio e o seu escudo. (11) Vós, os que temeis ao Senhor, confiai no Senhor; ele é o seu auxílio e o seu escudo. (12) O Senhor se lembrou de nós; ele nos abençoará; abençoará a casa de Israel; abençoará a casa de Arão. (13) Abençoará os que temem ao Senhor, tanto pequenos como grandes. (14) O Senhor vos aumentará cada vez mais, a vós e a vossos filhos. (15) Sois

benditos do Senhor, que fez os céus e a terra. (16) Os céus são os céus do Senhor; mas a terra a deu aos filhos dos homens. (17) Os mortos não louvam ao Senhor, nem os que descem ao silêncio. (18) Mas nós bendiremos ao Senhor, desde agora e para sempre. Louvai ao Senhor.

SALMO 116

PARA EVITAR UMA MORTE TRÁGICA

Se você sonha constantemente com acidentes ou com uma morte trágica, ore todos os dias o Salmo 116.

(1) Amo ao Senhor, porque ele ouviu a minha voz e a minha súplica. (2) Porque inclinou a mim os seus ouvidos; portanto, o invocarei enquanto viver. (3) Os cordéis da morte me cercaram, e angústias do inferno se apoderaram de mim; encontrei aperto e tristeza. (4) Então invoquei o nome do Senhor, dizendo: Ó Senhor, livra a minha alma. (5) Piedoso é o Senhor e justo; o nosso Deus tem misericórdia. (6) O Senhor guarda aos símplices; fui abatido, mas ele me livrou. (7) Volta, minha alma, para o teu repouso, pois o Senhor te fez bem. (8) Porque tu livraste a minha alma da morte, os meus olhos das lágrimas, e os meus pés da queda. (9) Andarei perante a face do Senhor na terra dos viventes. (10) Cri, por isso falei. Estive muito aflito. (11) Dizia na minha pressa: Todos os homens são mentirosos. (12) Que darei eu ao Senhor, por todos os benefícios que me tem feito? (13) Tomarei o cálice da salvação, e invocarei o nome do Senhor. (14) Pagarei os meus votos ao Senhor, agora, na presença de todo o seu povo. (15) Preciosa é à vista do Senhor a morte dos seus santos. (16) Ó Senhor, deveras sou teu servo; sou teu servo, filho da tua serva; soltaste as minhas ataduras. (17) Oferecer-te-ei sacrifícios de louvor, e invocarei o nome

do Senhor. (18) Pagarei os meus votos ao Senhor, na presença de todo o meu povo, (19) nos átrios da casa do Senhor, no meio de ti, ó Jerusalém. Louvai ao Senhor.

SALMO 117

PARA COMBATER CALÚNIAS

Se você está sendo caluniado, ore diariamente o Salmo 117. As mentiras inventadas a seu respeito serão desmascaradas e sua moral não será afetada.

(1) Louvai ao Senhor todas as nações, exaltai-o todos os povos. (2) Porque a sua benignidade é grande para conosco, e a verdade do Senhor dura para sempre.

SALMO 118

PARA SER JUSTO

Você está em dúvida sobre que decisão tomar? Tem medo de ser injusto com seus funcionários? Este Salmo é para quem toma decisões importantes todos os dias, que podem, inclusive, mudar a vida de outras pessoas. Para não cometer injustiças, ore o Salmo 118 toda segunda-feira.

(1) Louvai ao Senhor, porque ele é bom, porque a sua benignidade dura para sempre. (2) Diga agora Israel que a sua benignidade dura para sempre. (3) Diga agora a casa de Arão que a sua benignidade dura para sempre. (4) Digam agora os que temem ao Senhor que a sua benignidade dura para sempre. (5) Invoquei o Senhor na angústia; o Senhor me ouviu, e me tirou para um lugar largo. (6) O Senhor está comigo; não temerei o que me pode fazer o homem. (7) O Senhor está comigo entre aqueles que me ajudam; por isso verei cumprido o meu desejo sobre os que me odeiam. (8) É melhor confiar no Senhor do que confiar no homem. (9) É melhor confiar no Senhor do que confiar nos príncipes. (10) Todas as nações me cercaram, mas no nome do Senhor as despedaçarei. (11) Cercaram-me, e tornaram a cercar-me; mas no nome do Senhor eu as despedaçarei. (12) Cercaram-me como abelhas; porém apagaram-se como o fogo de espinhos; pois no nome do Senhor as despedaçarei. (13) Com força me impeliste

para me fazeres cair, porém o Senhor me ajudou. (14) O Senhor é a minha força e o meu cântico; e se fez a minha salvação. (15) Nas tendas dos justos há voz de júbilo e de salvação; a destra do Senhor faz proezas. (16) A destra do Senhor se exalta; a destra do Senhor faz proezas. (17) Não morrerei, mas viverei; e contarei as obras do Senhor. (18) O Senhor me castigou muito, mas não me entregou à morte. (19) Abri-me as portas da justiça; entrarei por elas, e louvarei ao Senhor. (20) Esta é a porta do Senhor, pela qual os justos entrarão. (21) Louvar-te-ei, pois me escutaste, e te fizeste a minha salvação. (22) A pedra que os edificadores rejeitaram tornou-se a cabeça da esquina. (23) Da parte do Senhor se fez isto; maravilhoso é aos nossos olhos. (24) Este é o dia que fez o Senhor; regozijemo-nos, e alegremo-nos nele. (25) Salva-nos, agora, te pedimos, ó Senhor; ó Senhor, te pedimos, prospera-nos. (26) Bendito aquele que vem em nome do Senhor; nós vos bendizemos desde a casa do Senhor. (27) Deus é o Senhor que nos mostrou a luz; atai a vítima da festa com cordas, até às pontas do altar. (28) Tu és o meu Deus, e eu te louvarei; tu és o meu Deus, e eu te exaltarei. (29) Louvai ao Senhor, porque ele é bom; porque a sua benignidade dura para sempre.

SALMO 119

CONTRA TODOS OS MALES

O Salmo 119 é o preferido dos Anjos e especial para eliminar todos os males. Ore-o toda quarta-feira e mantenha seu equilíbrio mental e espiritual para que tudo se resolva da melhor maneira possível.

(1) Bem-aventurados os retos em seus caminhos, que andam na lei do Senhor. (2) Bem-aventurados os que guardam os seus testemunhos, e que o buscam com todo o coração. (3) E não praticam iniquidade, mas andam nos seus caminhos. (4) Tu ordenaste os teus mandamentos, para que diligentemente os observássemos. (5) Quem dera que os meus caminhos fossem dirigidos a observar os teus mandamentos. (6) Então não ficaria confundido, atentando eu para todos os teus mandamentos. (7) Louvar-te-ei com retidão de coração quando tiver aprendido os teus justos juízos. (8) Observarei os teus estatutos; não me desampares totalmente. (9) Com que purificará o jovem o seu caminho? Observando-o conforme a tua palavra. (10) Com todo o meu coração te busquei; não me deixes desviar dos teus mandamentos. (11) Escondi a tua palavra no meu coração, para eu não pecar contra ti. (12) Bendito és tu, ó Senhor; ensina-me os teus estatutos. (13) Com os meus lábios declarei todos os juízos da tua boca. (14) Folguei tanto no caminho dos teus testemunhos, como em todas as riquezas. (15)

Meditarei nos teus preceitos, e terei respeito aos teus caminhos. (16) Recrear-me-ei nos teus estatutos; não me esquecerei da tua palavra. (17) Faze bem ao teu servo, para que viva e observe a tua palavra. (18) Abre tu os meus olhos, para que veja as maravilhas da tua lei. (19) Sou peregrino na terra; não escondas de mim os teus mandamentos. (20) A minha alma está quebrantada de desejar os teus juízos em todo o tempo. (21) Tu repreendeste asperamente os soberbos que são amaldiçoados, que se desviam dos teus mandamentos. (22) Tira de sobre mim o opróbrio e o desprezo, pois guardei os teus testemunhos. (23) Príncipes também se assentaram, e falaram contra mim, mas o teu servo meditou nos teus estatutos. (24) Também os teus testemunhos são o meu prazer e os meus conselheiros. (25) A minha alma está pegada ao pó; vivifica-me segundo a tua palavra. (26) Eu te contei os meus caminhos, e tu me ouviste; ensina-me os teus estatutos. (27) Faze-me entender o caminho dos teus preceitos; assim falarei das tuas maravilhas. (28) A minha alma consome-se de tristeza; fortalece-me segundo a tua palavra. (29) Desvia de mim o caminho da falsidade, e concede-me piedosamente a tua lei. (30) Escolhi o caminho da verdade; propus-me seguir os teus juízos. (31) Apego-me aos teus testemunhos; ó Senhor, não me confundas. (32) Correrei pelo caminho dos teus mandamentos, quando dilatares o meu coração. (33) Ensina-me, ó Senhor, o caminho dos teus estatutos, e guardá-lo-ei até o fim. (34) Dá-me entendimento, e guardarei a tua lei, e observá-la-ei de todo o meu coração. (35) Faze-me andar na vereda dos teus mandamentos, porque nela tenho prazer. (36) Inclina o meu coração aos teus testemunhos, e não à cobiça. (37) Desvia os meus olhos de contemplarem a vaidade, e vivifica-me no teu caminho. (38) Confirma a tua palavra ao teu servo, que é dedicado ao teu temor. (39) Desvia de mim o opróbrio que temo, pois os teus juízos são bons. (40) Eis que tenho desejado os teus preceitos; vivifica-me na tua justiça. (41) Venham sobre mim também as tuas misericórdias, ó Senhor, e a tua salvação segundo a tua palavra. (42) Assim terei que responder ao que me afronta, pois confio na tua palavra. (43) E não tires totalmente a palavra de verdade da minha boca, pois tenho esperado nos teus juízos. (44) Assim observarei de contínuo a tua lei para sempre e eternamente. (45) E andarei em liberdade; pois busco os teus preceitos. (46) Também falarei dos teus testemunhos perante os reis, e não me envergonharei. (47) E recrear-me-ei em teus mandamentos, que tenho amado. (48) Também levantarei as minhas mãos para os teus mandamentos, que amei, e meditarei nos teus estatutos. (49) Lembra-te da palavra dada ao teu servo, na qual me fizeste esperar. (50) Isto é a minha consolação na minha aflição, porque a tua palavra me vivificou. (51) Os soberbos zombaram grandemente de mim; contudo não me desviei da tua lei. (52) Lembrei-me dos teus juízos antiquíssimos, ó Senhor, e assim me consolei. (53) Grande indignação se apoderou de mim por causa dos ímpios que abandonam a tua lei. (54) Os teus estatutos têm sido os meus cânticos na casa da minha peregrinação. (55) Lembrei-me do teu nome, ó Senhor, de noite, e observei a tua lei. (56) Isto fiz eu, porque guardei os teus mandamentos. (57) O Senhor é a minha porção; eu disse que observaria as tuas palavras. (58) Roguei deveras o teu favor com todo o meu coração; tem piedade de mim, segundo a tua palavra. (59) Considerei os meus caminhos, e voltei os meus pés para os teus testemunhos. (60) Apressei-me, e não me detive, a observar os teus mandamentos. (61) Bandos de ímpios me despojaram, mas eu não me esqueci da tua lei. (62) À meia-noite me levantarei para te louvar, pelos teus justos juízos. (63) Companheiro sou de todos os que te temem e dos que guardam os teus preceitos. (64) A terra, ó Senhor, está cheia da tua benignidade; ensina-me os teus estatutos. (65) Fizeste bem ao teu servo, Senhor, segundo a tua palavra. (66) Ensina-me bom juízo e ciência, pois cri nos teus mandamentos. (67) Antes de ser afligido andava errado;

mas agora tenho guardado a tua palavra. (68) Tu és bom e fazes bem; ensina-me os teus estatutos. (69) Os soberbos forjaram mentiras contra mim; mas eu com todo o meu coração guardarei os teus preceitos. (70) Engrossa-se-lhes o coração como gordura, mas eu me recreio na tua lei. (71) Foi-me bom ter sido afligido, para que aprendesse os teus estatutos. (72) Melhor é para mim a lei da tua boca do que milhares de ouro ou prata. (73) As tuas mãos me fizeram e me formaram; dá-me inteligência para entender os teus mandamentos. (74) Os que te temem alegraram-se quando me viram, porque tenho esperado na tua palavra. (75) Bem sei eu, ó Senhor, que os teus juízos são justos, e que segundo a tua fidelidade me afligiste. (76) Sirva pois a tua benignidade para me consolar, segundo a palavra que deste ao teu servo. (77) Venham sobre mim as tuas misericórdias, para que viva, pois a tua lei é a minha delícia. (78) Confundam-se os soberbos, pois me trataram duma maneira perversa, sem causa; mas eu meditarei nos teus preceitos. (79) Voltem-se para mim os que te temem, e aqueles que têm conhecido os teus testemunhos. (80) Seja reto o meu coração nos teus estatutos, para que não seja confundido. (81) Desfalece a minha alma pela tua salvação, mas espero na tua palavra. (82) Os meus olhos desfalecem pela tua palavra; entrementes dizia: Quando me consolarás tu? (83) Pois estou como odre na fumaça; contudo não me esqueço dos teus estatutos. (84) Quantos serão os dias do teu servo? Quando me farás justiça contra os que me perseguem? (85) Os soberbos me cavaram covas, o que não é conforme a tua lei. (86) Todos os teus mandamentos são verdade. Com mentiras me perseguem; ajuda-me. (87) Quase que me têm consumido sobre a terra, mas eu não deixei os teus preceitos. (88) Vivifica-me segundo a tua benignidade; assim guardarei o testemunho da tua boca. (89) Para sempre, ó Senhor, a tua palavra permanece no céu. (90) A tua fidelidade dura de geração em geração; tu firmaste a terra, e ela permanece firme. (91) Eles continuam até ao dia de hoje, segundo as tuas ordenações; porque todos são teus servos. (92) Se a tua lei não fora toda a minha recreação, há muito que pereceria na minha aflição. (93) Nunca me esquecerei dos teus preceitos; pois por eles me tens vivificado. (94) Sou teu, salva-me; pois tenho buscado os teus preceitos. (95) Os ímpios me esperam para me destruírem, mas eu considerarei os teus testemunhos. (96) Tenho visto fim a toda a perfeição, mas o teu mandamento é amplíssimo. (97) Oh! Quanto amo a tua lei! É a minha meditação em todo o dia. (98) Tu, pelos teus mandamentos, me fazes mais sábio do que os meus inimigos; pois estão sempre comigo. (99) Tenho mais entendimento do que todos os meus mestres, porque os teus testemunhos são a minha meditação. (100) Entendo mais do que os antigos; porque guardo os teus preceitos. (101) Desviei os meus pés de todo caminho mau, para guardar a tua palavra. (102) Não me apartei dos teus juízos, pois tu me ensinaste. (103) Oh! quão doces são as tuas palavras ao meu paladar, mais doces do que o mel à minha boca. (104) Pelos teus mandamentos alcancei entendimento; por isso odeio todo falso caminho. (105) Lâmpada para os meus pés é tua palavra, e luz para o meu caminho. (106) Jurei, e o cumprirei, que guardarei os teus justos juízos. (107) Estou aflitíssimo; vivifica-me, ó Senhor, segundo a tua palavra. (108) Aceita, eu te rogo, as oferendas voluntárias da minha boca, ó Senhor; ensina-me os teus juízos. (109) A minha alma está de contínuo nas minhas mãos; todavia não me esqueço da tua lei. (110) Os ímpios me armaram laço; contudo não me desviei dos teus preceitos. (111) Os teus testemunhos tenho eu tomado por herança para sempre, pois são o gozo do meu coração. (112) Inclinei o meu coração a guardar os teus estatutos, para sempre, até ao fim. (113) Odeio os pensamentos vãos, mas amo a tua lei. (114) Tu és o meu refúgio e o meu escudo; espero na tua palavra. (115) Apartai-vos de mim, malfeitores, pois guardarei os mandamentos do meu Deus. (116) Sustenta-me conforme a tua palavra, para que viva, e não me deixes envergonhado da minha esperança. (117) Sustenta-me, e serei salvo, e de contínuo terei respeito aos teus estatutos. (118) Tu tens pisado aos pés todos os que se desviam dos teus estatutos, pois o engano deles é falsidade. (119) Tu tiraste da terra todos os ímpios, como a escória, por isso amo os teus testemunhos. (120) O meu corpo se arrepiou com temor de ti, e temi os teus juízos. (121) Fiz juízo e justiça; não me entregues aos meus opressores. (122) Fica por fiador do teu servo para o bem; não deixes que os soberbos me oprimam. (123) Os meus olhos desfaleceram pela tua salvação e pela promessa da tua justiça. (124) Usa com o teu servo segundo a tua benignidade, e ensina-me os teus estatutos. (125) Sou teu servo; dá-me inteligência, para entender os teus testemunhos. (126) Já é tempo de operares, ó Senhor, pois eles têm quebrantado a tua lei. (127) Por isso amo os teus mandamentos mais do que o ouro, e ainda mais do que o ouro fino. (128) Por isso estimo todos os teus preceitos acerca de tudo, como retos, e odeio toda falsa vereda. (129) Maravilhosos são os teus testemunhos; portanto, a minha alma os guarda. (130) A entrada das tuas palavras dá luz, dá entendimento aos símplices. (131) Abri a minha boca, e respirei, pois que desejei os teus mandamentos. (132) Olha para mim, e tem piedade de mim, conforme usas com os que amam o teu nome. (133) Ordena os meus passos na tua palavra, e não se apodere de mim iniquidade alguma. (134) Livra-me da opressão do homem; assim guardarei os teus preceitos. (135) Faze resplandecer o teu rosto sobre o teu servo, e ensina-me os teus estatutos. (136) Rios de águas correm dos meus olhos, porque não guardam a tua lei. (137) Justo és, ó Senhor, e retos são os teus juízos. (138) Os teus testemunhos que ordenaste são retos e muito fiéis. (139) O meu zelo me consumiu, porque os meus inimigos se esqueceram da tua palavra. (140) A tua palavra é muito pura; portanto, o teu servo a ama. (141) Pequeno sou e desprezado, porém não me esqueço dos teus mandamentos. (142) A tua justiça é uma justiça eterna, e a tua lei é a verdade. (143) Aflição e angústia se apoderam de mim; contudo os teus mandamentos são o meu prazer. (144) A justiça dos teus testemunhos é eterna; dá-me inteligência, e viverei. (145) Clamei de todo o meu coração; escuta-me, Senhor, e guardarei os teus estatutos. (146) A ti te invoquei; salva-me, e guardarei os teus testemunhos. (147) Antecipei o cair da noite, e clamei; esperei na tua palavra. (148) Os meus olhos anteciparam as vigílias da noite, para meditar na tua palavra. (149) Ouve a minha voz, segundo a tua benignidade; vivifica-me, ó Senhor, segundo o teu juízo. (150) Aproximam-se os que se dão a maus tratos; afastam-se da tua lei. (151) Tu estás perto, ó Senhor, e todos os teus mandamentos são a verdade. (152) Acerca dos teus testemunhos soube, desde a antiguidade, que tu os fundaste para sempre. (153) Olha para a minha aflição, e livra-me, pois não me esqueci da tua lei. (154) Pleiteia a minha causa, e livra-me; vivifica-me segundo a tua palavra. (155) A salvação está longe dos ímpios, pois não buscam os teus estatutos. (156) Muitas são, ó Senhor, as tuas misericórdias; vivifica-me segundo os teus juízos. (157) Muitos são os meus perseguidores e os meus inimigos; mas não me desvio dos teus testemunhos. (158) Vi os transgressores, e me afligi, porque não observam a tua palavra. (159) Considera como amo os teus preceitos; vivifica-me, ó Senhor, segundo a tua benignidade. (160) A tua palavra é a verdade desde o princípio, e cada um dos teus juízos dura para sempre. (161) Príncipes me perseguiram sem causa, mas o meu coração temeu a tua palavra. (162) Folgo com a tua palavra, como aquele que acha um grande despojo. (163) Abomino e odeio a mentira; mas amo a tua lei. (164) Sete vezes no dia te louvo pelos juízos da tua justiça. (165) Muita paz têm os que amam a tua lei, e para eles não há tropeço. (166) Senhor, tenho esperado na tua salvação, e tenho cumprido os teus mandamentos. (167) A minha alma tem observado os teus testemunhos; amo-os excessivamente.

(168) Tenho observado os teus preceitos, e os teus testemunhos, porque todos os meus caminhos estão diante de ti. (169) Chegue a ti o meu clamor, ó Senhor; dá-me entendimento conforme a tua palavra. (170) Chegue a minha súplica perante a tua face; livra-me segundo a tua palavra. (171) Os meus lábios proferiram o louvor, quando me ensinaste os teus estatutos. (172) A minha língua falará da tua palavra, pois todos os teus mandamentos são justiça. (173) Venha a tua mão socorrer-me, pois escolhi os teus preceitos. (174) Tenho desejado a tua salvação, ó Senhor; a tua lei é todo o meu prazer. (175) Viva a minha alma, e louvar-te-á; ajudem-me os teus juízos. (176) Desgarrei-me como a ovelha perdida; busca o teu servo, pois não me esqueci dos teus mandamentos.

SALMO 120

PARA INTEGRAÇÃO

Se você está entrando para um novo grupo e quer ser bem recebido, ore diariamente o Salmo 120.

(1) Na minha angústia clamei ao Senhor, e me ouviu. (2) Senhor, livra a minha alma dos lábios mentirosos e da língua enganadora. (3) Que te será dado, ou que te será acrescentado, língua enganadora? (4) Flechas agudas do poderoso, com brasas vivas de zimbro. (5) Ai de mim, que peregrino em Meseque, e habito nas tendas de Quedar. (6) A minha alma bastante tempo habitou com os que detestam a paz. (7) Pacífico sou, mas quando eu falo, já eles procuram a guerra.

SALMO 121

PARA A PROTEÇÃO NOTURNA

Se você gosta de sair à noite, este Salmo é essencial. Ore-o antes de sair de casa.

(1) Levantarei os meus olhos para os montes, de onde vem o meu socorro. (2) O meu socorro vem do Senhor que fez o céu e a terra. (3) Não deixará vacilar o teu pé; aquele que te guarda não tosquenejará. (4) Eis que não tosquenejará nem dormirá o guarda de Israel. (5) O Senhor é quem te guarda; o Senhor é a tua sombra à tua direita. (6) O sol não te molestará de dia nem a lua de noite. (7) O Senhor te guardará de todo o mal; guardará a tua alma. (8) O Senhor guardará a tua entrada e a tua saída, desde agora e para sempre.

SALMO 122

PARA SE SAIR BEM EM ENTREVISTAS

Toda vez que você tiver uma entrevista de emprego, ore o Salmo 122 e use um terço no seu bolso esquerdo.

(1) Alegrei-me quando me disseram: Vamos à casa do Senhor. (2) Os nossos pés estão dentro das tuas portas, ó Jerusalém. (3) Jerusalém está edificada como uma cidade que é compacta. (4) Onde sobem as tribos, as tribos do Senhor, até ao testemunho de Israel, para darem graças ao nome do Senhor. (5) Pois ali estão os tronos do juízo, os tronos da casa de Davi. (6) Orai pela paz de Jerusalém; prosperarão aqueles que te amam. (7) Haja paz dentro de teus muros, e prosperidade dentro dos teus palácios. (8) Por causa dos meus irmãos e amigos, direi: Paz esteja em ti. (9) Por causa da casa do Senhor nosso Deus, buscarei o teu bem.

SALMO 123

PARA TER BONS FUNCIONÁRIOS

Se você ocupa um cargo de chefia e não encontra profissionais competentes, ore o Salmo 123 no dia das entrevistas.

(1) A ti levanto os meus olhos, ó tu que habitas nos céus. (2) Assim como os olhos dos servos atentam para as mãos dos seus senhores, e os olhos da serva para as mãos de sua senhora, assim os nossos olhos atentam para o Senhor nosso Deus, até que tenha piedade de nós. (3) Tem piedade de nós, ó Senhor, tem piedade de nós, pois estamos assaz fartos de desprezo. (4) A nossa alma está extremamente farta da zombaria daqueles que estão à sua vontade e do desprezo dos soberbos.

SALMO 124

PARA A PROTEÇÃO DOS PESCADORES

Este Salmo é especial para a proteção dos pescadores. Se essa é a sua profissão, faça esta oração todos os dias antes de sair para trabalhar.

(1) Se não fora o Senhor, que esteve ao nosso lado, ora diga Israel; (2) se não fora o Senhor, que esteve ao nosso lado, quando os homens se levantaram contra nós, (3) eles então nos teriam engolido vivos, quando a sua ira se acendeu contra nós. (4) Então as águas teriam transbordado sobre nós, e a corrente teria passado sobre a nossa alma; (5) então as águas altivas teriam passado sobre a nossa alma; (6) bendito seja o Senhor, que não nos deu por presa aos seus dentes. (7) A nossa alma escapou, como um pássaro do laço dos passarinheiros; o laço quebrou-se, e nós escapamos. (8) O nosso socorro está no nome do Senhor, que fez o céu e a terra.

SALMO 125

PARA TER AUTOCONFIANÇA

Muitas pessoas não conseguem se encontrar no percurso da vida. Se você está perdido e sem confiança, ore o Salmo 125 todas as quartas-feiras.

(1) Os que confiam no Senhor serão como o monte de Sião, que não se abala, mas permanece para sempre. (2) Assim como estão os montes à roda de Jerusalém, assim o Senhor está em volta do seu povo desde agora e para sempre. (3) Porque o cetro da impiedade não permanecerá sobre a sorte dos justos, para que o justo não estenda as suas mãos para a iniquidade. (4) Faze bem, ó Senhor, aos bons e aos que são retos de coração. (5) Quanto àqueles que se desviam para os seus caminhos tortuosos, levá-los-á o Senhor com os que praticam a maldade; paz haverá sobre Israel.

SALMO 126

PARA FILHOS DESENCARNADOS

Se você perdeu um filho, ore o Salmo 126 e deixe que a alma dele vá em paz. Não fique chamando os entes desencarnados e entenda que Deus não erra.

(1) Quando o Senhor trouxe do cativeiro os que voltaram a Sião, estávamos como os que sonham. (2) Então a nossa boca se encheu de riso e a nossa língua de cântico; então se dizia entre os gentios: Grandes coisas fez o Senhor a estes. (3) Grandes coisas fez o Senhor por nós, pelas quais estamos alegres. (4) Traze-nos outra vez, ó Senhor, do cativeiro, como as correntes das águas no sul. (5) Os que semeiam em lágrimas segarão com alegria. (6) Aquele que leva a preciosa semente, andando e chorando, voltará, sem dúvida, com alegria, trazendo consigo os seus molhos.

SALMO 127

PARA A MÃE ORAR PELO FILHO

O Salmo 127 é para a mãe que acabou de parir. Ore-o na primeira semana de vida da criança. Esta oração trará boas energias para essa alma que está retornando à Terra.

(1) Se o Senhor não edificar a casa, em vão trabalham os que a edificam; se o Senhor não guardar a cidade, em vão vigia a sentinela. (2) Inútil vos será levantar de madrugada, repousar tarde, comer o pão de dores, pois assim dá ele aos seus amados o sono. (3) Eis que os filhos são herança do Senhor, e o fruto do ventre o seu galardão. (4) Como flechas na mão de um homem poderoso, assim são os filhos da mocidade. (5) Bem-aventurado o homem que enche deles a sua aljava; não serão confundidos, mas falarão com os seus inimigos à porta.

SALMO 128

PARA TER UM BOM PARTO

Se você está grávida, ore o Salmo 128 toda quarta-feira. Sua gravidez e seu parto não terão complicações e a criança nascerá saudável.

(1) Bem-aventurado aquele que teme ao Senhor e anda nos seus caminhos. (2) Pois comerás do trabalho das tuas mãos; feliz serás, e te irá bem. (3) A tua mulher será como a videira frutífera aos lados da tua casa; os teus filhos como plantas de oliveira à roda da tua mesa. (4) Eis que assim será abençoado o homem que teme ao Senhor. (5) O Senhor te abençoará desde Sião, e tu verás o bem de Jerusalém em todos os dias da tua vida. (6) E verás os filhos de teus filhos, e a paz sobre Israel.

SALMO 129

PARA COMBATER PESADELOS OU INSÔNIA

Uma boa noite de sono renova as energias e faz o seu dia começar bem. Se você sofre com pesadelos ou insônia, ore o Salmo 129 e cubra o estrado da cama com um plástico preto. Isso evitará a influência de energias negativas durante a noite.

(1) Muitas vezes me angustiaram desde a minha mocidade, diga agora Israel; (2) muitas vezes me angustiaram desde a minha mocidade; todavia não prevaleceram contra mim. (3) Os lavradores araram sobre as minhas costas; compridos fizeram os seus sulcos. (4) O Senhor é justo; cortou as cordas dos ímpios. (5) Sejam confundidos, e voltem para trás todos os que odeiam a Sião. (6) Sejam como a erva dos telhados que se seca antes que a arranquem. (7) Com a qual o segador não enche a sua mão, nem o que ata os feixes enche o seu braço. (8) Nem tampouco os que passam dizem: A bênção do Senhor seja sobre vós; nós vos abençoamos em nome do Senhor.

SALMO 130

PARA MELHORAR A CIRCULAÇÃO SANGUÍNEA

Se você está com problemas de varizes, ore o Salmo 130. Mude também sua forma de mostrar o que sente pelas pessoas. Demonstre seu amor a quem você ama.

(1) Das profundezas a ti clamo, ó Senhor. (2) Senhor, escuta a minha voz; sejam os teus ouvidos atentos à voz das minhas súplicas. (3) Se tu, Senhor, observares as iniquidades, Senhor, quem subsistirá? (4) Mas contigo está o perdão, para que sejas temido. (5) Aguardo ao Senhor; a minha alma o aguarda, e espero na sua palavra. (6) A minha alma anseia pelo Senhor, mais do que os guardas pela manhã, mais do que aqueles que guardam pela manhã. (7) Espere Israel no Senhor, porque no Senhor há misericórdia, e nele há abundante redenção. (8) E ele remirá a Israel de todas as suas iniquidades.

SALMO 131

PARA TER HUMILDADE

As pessoas te acham orgulhoso? Seu jeito espontâneo e falante faz todos te julgarem convencido? Ore diariamente o Salmo 131 para se tornar um pouco mais humilde.

(1) Senhor, o meu coração não se elevou nem os meus olhos se levantaram; não me exercito em grandes matérias, nem em coisas muito elevadas para mim. (2) Certamente que me tenho portado e sossegado como uma criança desmamada de sua mãe; a minha alma está como uma criança desmamada. (3) Espere Israel no Senhor, desde agora e para sempre.

SALMO 132

PARA MELHORAR O CARMA

O Salmo 132 é importante para pedir a absolvição dos pecados cometidos por nós. Antes de dormir, faça esta oração com bastante humildade.

(1) Lembra-te, Senhor, de Davi, e de todas as suas aflições. (2) Como jurou ao Senhor, e fez votos ao poderoso Deus de Jacó, dizendo: (3) Certamente que não entrarei na tenda de minha casa, nem subirei à minha cama, (4) não darei sono aos meus olhos, nem repouso às minhas pálpebras, (5) enquanto não achar lugar para o Senhor, uma morada para o poderoso Deus de Jacó. (6) Eis que ouvimos falar dela em Efrata, e a achamos no campo do bosque. (7) Entraremos nos seus tabernáculos; prostrar-nos-emos ante o escabelo de seus pés. (8) Levanta-te, Senhor, ao teu repouso, tu e a arca da tua força. (9) Vistam-se os teus sacerdotes de justiça, e alegrem-se os teus santos. (10) Por amor de Davi, teu servo, não faças virar o rosto do teu ungido. (11) O Senhor jurou com verdade a Davi, e não se apartará dela: Do fruto do teu ventre porei sobre o teu trono. (12) Se os teus filhos guardarem a minha aliança, e os meus testemunhos, que eu lhes hei de ensinar, também os seus filhos se assentarão perpetuamente no teu trono. (13) Porque o Senhor escolheu a Sião; desejou-a para a sua habitação, dizendo: (14) Este é o meu repouso para sempre; aqui habitarei,

pois o desejei. (15) Abençoarei abundantemente o seu mantimento; fartarei de pão os seus necessitados. (16) Também vestirei os seus sacerdotes de salvação, e os seus santos saltarão de prazer. (17) Ali farei brotar a força de Davi; preparei uma lâmpada para o meu ungido. (18) Vestirei os seus inimigos de vergonha; mas sobre ele florescerá a sua coroa.

SALMO 133

PELA UNIÃO FAMILIAR

Se você não suporta mais presenciar a desunião de seus familiares, ore o Salmo 133 diariamente para que sua família viva sempre em harmonia.

(1) Oh! Quão bom e quão suave é que os irmãos vivam em união. (2) É como o óleo precioso sobre a cabeça, que desce sobre a barba, a barba de Arão, e que desce à orla das suas vestes. (3) Como o orvalho de Hermom, e como o que desce sobre os montes de Sião, porque ali o Senhor ordena a bênção e a vida para sempre.

SALMO 134

PARA NOSSO MENTOR NOS AJUDAR

Você se sente para baixo e não consegue de jeito nenhum encarar a vida de uma maneira positiva? Está sempre cansado, sem vontade? Ore o Salmo 134 diariamente para elevar seu padrão vibratório.

(1) Eis aqui, bendizei ao Senhor todos vós, servos do Senhor, que assistis na casa do Senhor todas as noites. (2) Levantai as vossas mãos no santuário, e bendizei ao Senhor. (3) O Senhor que fez o céu e a terra te abençoe desde Sião.

SALMO 135

PARA ENERGIZAR ORATÓRIOS

Este Salmo é importante para manter boas energias no lugar onde oramos. Diariamente, ore o Salmo 135 para a energização do local.

(1) Louvai ao Senhor. Louvai o nome do Senhor; louvai-o, servos do Senhor. (2) Vós que assistis na casa do Senhor, nos átrios da casa do nosso Deus. (3) Louvai ao Senhor, porque o Senhor é bom; cantai louvores ao seu nome, porque é agradável. (4) Porque o Senhor escolheu para si a Jacó, e a Israel para seu próprio tesouro. (5) Porque eu conheço que o Senhor é grande e que o nosso Senhor está acima de todos os deuses. (6) Tudo o que o Senhor quis, fez, nos céus e na terra, nos mares e em todos os abismos. (7) Faz subir os vapores das extremidades da terra; faz os relâmpagos para a chuva; tira os ventos dos seus tesouros. (8) O que feriu os primogênitos do Egito, desde os homens até os animais; (9) o que enviou sinais e prodígios no meio de ti, ó Egito, contra Faraó e contra os seus servos; (10) O que feriu muitas nações, e matou poderosos reis: (11) A Siom, rei dos amorreus, e a Ogue, rei de Basã, e a todos os reinos de Canaã; (12) e deu a sua terra em herança, em herança a Israel, seu povo. (13) O teu nome, ó Senhor, dura perpetuamente, e a tua memória, ó Senhor, de geração em geração. (14) Pois o Senhor julgará o seu povo, e se arrependerá

com respeito aos seus servos. (15) Os ídolos dos gentios são prata e ouro, obra das mãos dos homens. (16) Têm boca, mas não falam; têm olhos, e não veem, (17) têm ouvidos, mas não ouvem, nem há respiro algum nas suas bocas. (18) Semelhantes a eles se tornem os que os fazem, e todos os que confiam neles. (19) Casa de Israel, bendizei ao Senhor; casa de Arão, bendizei ao Senhor; (20) casa de Levi, bendizei ao Senhor; vós os que temeis ao Senhor, louvai ao Senhor. (21) Bendito seja o Senhor desde Sião, que habita em Jerusalém. Louvai ao Senhor.

SALMO 136

PARA TRAZER O BEM À SUA VIDA

O Salmo 136 é especial para você que, orgulhoso, não consegue reconhecer suas falhas. Faça esta oração toda quarta-feira antes de dormir. Você verá como tudo fica mais leve quando admite que não é perfeito.

(1) Louvai ao Senhor, porque ele é bom; porque a sua benignidade dura para sempre. (2) Louvai ao Deus dos deuses; porque a sua benignidade dura para sempre. (3) Louvai ao Senhor dos senhores; porque a sua benignidade dura para sempre. (4) Aquele que só faz maravilhas; porque a sua benignidade dura para sempre. (5) Aquele que por entendimento fez os céus; porque a sua benignidade dura para sempre. (6) Aquele que estendeu a terra sobre as águas; porque a sua benignidade dura para sempre. (7) Aquele que fez os grandes luminares; porque a sua benignidade dura para sempre; (8) o sol para governar de dia; porque a sua benignidade dura para sempre; (9) a lua e as estrelas para presidirem a noite; porque a sua benignidade dura para sempre; (10) o que feriu o Egito nos seus primogênitos; porque a sua benignidade dura para sempre; (11) e tirou a Israel do meio deles; porque a sua benignidade dura para sempre; (12) com mão forte, e com braço estendido; porque a sua benignidade dura para sempre; (13) aquele que dividiu o Mar Vermelho em duas partes; porque a sua benignidade

dura para sempre; (14) e fez passar Israel pelo meio dele; porque a sua benignidade dura para sempre; (15) mas derrubou a Faraó com o seu exército no Mar Vermelho; porque a sua benignidade dura para sempre. (16) Aquele que guiou o seu povo pelo deserto; porque a sua benignidade dura para sempre; (17) aquele que feriu os grandes reis; porque a sua benignidade dura para sempre; (18) e matou reis famosos; porque a sua benignidade dura para sempre; (19) Siom, rei dos amorreus; porque a sua benignidade dura para sempre; (20) e Ogue, rei de Basã; porque a sua benignidade dura para sempre; (21) e deu a terra deles em herança; porque a sua benignidade dura para sempre; (22) e mesmo em herança a Israel, seu servo; porque a sua benignidade dura para sempre; (23) que se lembrou da nossa baixeza; porque a sua benignidade dura para sempre; (24) e nos remiu dos nossos inimigos; porque a sua benignidade dura para sempre; (25) o que dá mantimento a toda a carne; porque a sua benignidade dura para sempre. (26) Louvai ao Deus dos céus; porque a sua benignidade dura para sempre.

SALMO 137

PARA TER UM CORAÇÃO MANSO

Se você guarda ódio e rancor, ore o Salmo 137 diariamente. Um coração sem mágoas é mais suscetível ao amor do que um que transborda ressentimentos.

(1) Junto aos rios da Babilônia, ali nos assentamos e choramos, quando nos lembramos de Sião. (2) Sobre os salgueiros que há no meio dela, penduramos as nossas harpas. (3) Pois lá aqueles que nos levaram cativos nos pediam uma canção; e os que nos destruíram, que os alegrássemos, dizendo: Cantai-nos uma das canções de Sião. (4) Como cantaremos a canção do Senhor em terra estranha? (5) Se eu me esquecer de ti, ó Jerusalém, esqueça-se a minha direita da sua destreza. (6) Se me não lembrar de ti, apegue-se-me a língua ao meu paladar; se não preferir Jerusalém à minha maior alegria. (7) Lembra-te, Senhor, dos filhos de Edom no dia de Jerusalém, que diziam: Descobri-a, descobri-a até aos seus alicerces. (8) Ah! filha de Babilônia, que vais ser assolada; feliz aquele que te retribuir o pago que tu nos pagaste a nós. (9) Feliz aquele que pegar em teus filhos e der com eles nas pedras.

SALMO 138

PARA TER BOM HUMOR

Se você é pessimista e só enxerga o lado negativo da vida, ore o Salmo 138 diariamente e mude seu humor para que as pessoas se aproximem.

(1) Eu te louvarei, de todo o meu coração; na presença dos deuses a ti cantarei louvores. (2) Inclinar-me-ei para o teu santo templo, e louvarei o teu nome pela tua benignidade, e pela tua verdade; pois engrandeceste a tua palavra acima de todo o teu nome. (3) No dia em que eu clamei, me escutaste; e alentaste com força a minha alma. (4) Todos os reis da terra te louvarão, ó Senhor, quando ouvirem as palavras da tua boca; (5) E cantarão os caminhos do Senhor; pois grande é a glória do Senhor. (6) Ainda que o Senhor é excelso, atenta todavia para o humilde; mas ao soberbo conhece-o de longe. (7) Andando eu no meio da angústia, tu me reviverás; estenderás a tua mão contra a ira dos meus inimigos, e a tua destra me salvará. (8) O Senhor aperfeiçoará o que me toca; a tua benignidade, ó Senhor, dura para sempre; não desampares as obras das tuas mãos.

SALMO 139

PARA TER AMOR NO CASAMENTO

O Salmo 139 é maravilhoso para manter a harmonia entre o casal. Seu relacionamento ficará mais doce e não acontecerão mais brigas à toa, já que o pensamento dos dois estará no mesmo padrão vibratório.

(1) Senhor, tu me sondaste, e me conheces. (2) Tu sabes o meu assentar e o meu levantar; de longe entendes o meu pensamento. (3) Cercas o meu andar, e o meu deitar; e conheces todos os meus caminhos. (4) Não havendo ainda palavra alguma na minha língua, eis que logo, ó Senhor, tudo conheces. (5) Tu me cercaste por detrás e por diante, e puseste sobre mim a tua mão. (6) Tal ciência é para mim maravilhosíssima; tão alta que não a posso atingir. (7) Para onde me irei do teu espírito, ou para onde fugirei da tua face? (8) Se subir ao céu, lá tu estás; se fizer no inferno a minha cama, eis que tu ali estás também. (9) Se tomar as asas da alva, se habitar nas extremidades do mar, (10) até ali a tua mão me guiará e a tua destra me susterá. (11) Se disser: Decerto que as trevas me encobrirão; então a noite será luz à roda de mim. (12) Nem ainda as trevas me encobrem de ti; mas a noite resplandece como o dia; as trevas e a luz são para ti a mesma coisa; (13) pois possuíste os meus rins; cobriste-me no ventre de minha mãe. (14) Eu te louvarei, porque de um modo assombroso, e tão maravilhoso fui feito;

maravilhosas são as tuas obras, e a minha alma o sabe muito bem. (15) Os meus ossos não te foram encobertos, quando no oculto fui feito, e entretecido nas profundezas da terra. (16) Os teus olhos viram o meu corpo ainda informe; e no teu livro todas estas coisas foram escritas; as quais em continuação foram formadas, quando nem ainda uma delas havia. (17) E quão preciosos me são, ó Deus, os teus pensamentos! Quão grandes são as somas deles! (18) Se as contasse, seriam em maior número do que a areia; quando acordo ainda estou contigo. (19) Ó Deus, tu matarás decerto o ímpio; apartai-vos, portanto, de mim, homens de sangue. (20) Pois falam malvadamente contra ti; e os teus inimigos tomam o teu nome em vão. (21) Não odeio eu, ó Senhor, aqueles que te odeiam, e não me aflijo por causa dos que se levantam contra ti? (22) Odeio-os com ódio perfeito; tenho-os por inimigos. (23) Sonda-me, ó Deus, e conhece o meu coração; prova-me, e conhece os meus pensamentos. (24) E vê se há em mim algum caminho mau, e guia-me pelo caminho eterno.

SALMO 140

PARA IR BEM NOS ESTUDOS

Se você tem uma prova na faculdade, um concurso público ou vai prestar vestibular, ore o Salmo 140 dezesseis dias antes da prova.

(1) Livra-me, ó Senhor, do homem mau; guarda-me do homem violento, (2) que pensa o mal no coração; continuamente se ajuntam para a guerra. (3) Aguçaram as línguas como a serpente; o veneno das víboras está debaixo dos seus lábios. (4) Guarda-me, ó Senhor, das mãos do ímpio; guarda-me do homem violento; os quais se propuseram transtornar os meus passos. (5) Os soberbos armaram-me laços e cordas; estenderam a rede ao lado do caminho; armaram-me laços corrediços. (6) Eu disse ao Senhor: Tu és o meu Deus; ouve a voz das minhas súplicas, ó Senhor. (7) Ó Deus o Senhor, fortaleza da minha salvação, tu cobriste a minha cabeça no dia da batalha. (8) Não concedas, ó Senhor, ao ímpio os seus desejos; não promovas o seu mau propósito, para que não se exalte. (9) Quanto à cabeça dos que me cercam, cubra-os a maldade dos seus lábios. (10) Caiam sobre eles brasas vivas; sejam lançados no fogo, em covas profundas, para que se não tornem a levantar. (11) Não terá firmeza na terra o homem de má língua; o mal perseguirá o homem violento até que seja desterrado. (12) Sei que o Senhor sustentará a causa do oprimido, e o direito do necessitado. (13) Assim os justos louvarão o teu nome; os retos habitarão na tua presença.

SALMO 141

CONTRA DORES MORAIS

Se você sofreu uma humilhação ou se não consegue apagar algo do passado que fere sua moral até hoje, ore o Salmo 141 diariamente. Perdoe sempre para que as memórias tristes do passado não causem mais dores a você.

(1) Senhor, a ti clamo, escuta-me; inclina os teus ouvidos à minha voz, quando a ti clamar. (2) Suba a minha oração perante a tua face como incenso, e as minhas mãos levantadas sejam como o sacrifício da tarde. (3) Põe, ó Senhor, uma guarda à minha boca; guarda a porta dos meus lábios. (4) Não inclines o meu coração a coisas más, a praticar obras más, com aqueles que praticam a iniquidade; e não coma das suas delícias. (5) Fira-me o justo, será isso uma benignidade; e repreenda-me, será um excelente óleo, que não me quebrará a cabeça; pois a minha oração também ainda continuará nas suas próprias calamidades. (6) Quando os seus juízes forem derrubados pelos lados da rocha, ouvirão as minhas palavras, pois são agradáveis. (7) Os nossos ossos são espalhados à boca da sepultura como se alguém fendera e partira lenha na terra. (8) Mas os meus olhos te contemplam, ó Deus o Senhor; em ti confio; não desnudes a minha alma. (9) Guarda-me dos laços que me armaram; e dos laços corrediços dos que praticam a iniquidade. (10) Caiam os ímpios nas suas próprias redes, até que eu tenha escapado inteiramente.

SALMO 142

CONTRA DORES NAS PERNAS

Se você tem problemas nos membros inferiores (pernas, joelhos e pés), ore o Salmo 142. Essas dores podem ser sinais de magia ou de feitiço feitos para você e para sua família.

(1) Com a minha voz clamei ao Senhor; com a minha voz supliquei ao Senhor. (2) Derramei a minha queixa perante a sua face; expus-lhe a minha angústia. (3) Quando o meu espírito estava angustiado em mim, então conheceste a minha vereda. No caminho em que eu andava, esconderam-me um laço. (4) Olhei para a minha direita, e vi; mas não havia quem me conhecesse. Refúgio me faltou; ninguém cuidou da minha alma. (5) A ti, ó Senhor, clamei; eu disse: Tu és o meu refúgio, e a minha porção na terra dos viventes. (6) Atende ao meu clamor; porque estou muito abatido. Livra-me dos meus perseguidores; porque são mais fortes do que eu. (7) Tira a minha alma da prisão, para que louve o teu nome; os justos me rodearão, pois me fizeste bem.

SALMO 143

CONTRA DORES NA BOCA E NOS DENTES

Pessoas que têm constantes dores na boca e nos dentes devem orar o Salmo 143 com bastante fé e procurar um médico.

(1) Ó Senhor, ouve a minha oração, inclina os ouvidos às minhas súplicas; escuta-me segundo a tua verdade, e segundo a tua justiça. (2) E não entres em juízo com o teu servo, porque à tua vista não se achará justo nenhum vivente. (3) Pois o inimigo perseguiu a minha alma; atropelou-me até ao chão; fez-me habitar na escuridão, como aqueles que morreram há muito. (4) Pois que o meu espírito se angustia em mim; e o meu coração em mim está desolado. (5) Lembro-me dos dias antigos; considero todos os teus feitos; medito na obra das tuas mãos. (6) Estendo para ti as minhas mãos; a minha alma tem sede de ti, como terra sedenta. (7) Ouve-me depressa, ó Senhor; o meu espírito desmaia. Não escondas de mim a tua face, para que não seja semelhante aos que descem à cova. (8) Faze-me ouvir a tua benignidade pela manhã, pois em ti confio; faze-me saber o caminho que devo seguir, porque a ti levanto a minha alma. (9) Livra-me, ó Senhor, dos meus inimigos; fujo para ti, para me esconder. (10) Ensina-me a fazer a tua vontade, pois és o meu Deus. O teu Espírito é bom; guie-me por terra plana. (11) Vivifica-me, ó Senhor, por amor do teu nome; por amor da

tua justiça, tira a minha alma da angústia. (12) E por tua misericórdia desarraiga os meus inimigos, e destrói a todos os que angustiam a minha alma; pois sou teu servo.

SALMO 144

CONTRA DORES NAS MÃOS E NOS BRAÇOS

Pessoas com dores constantes nas mãos e/ou nos braços precisam ser mais ativas diante das situações que a vida apresenta. Se você é uma delas, ore o Salmo 144 toda quarta-feira.

(1) Bendito seja o Senhor, minha rocha, que ensina as minhas mãos para a peleja e os meus dedos para a guerra; (2) benignidade minha e fortaleza minha; alto retiro meu e meu libertador és tu; escudo meu, em quem eu confio, e que me sujeita o meu povo. (3) Senhor, que é o homem, para que o conheças, e o filho do homem, para que o estimes? (4) O homem é semelhante à vaidade; os seus dias são como a sombra que passa. (5) Abaixa, ó Senhor, os teus céus, e desce; toca os montes, e fumegarão. (6) Vibra os teus raios e dissipa-os; envia as tuas flechas, e desbarata-os. (7) Estende as tuas mãos desde o alto; livra-me, e arrebata-me das muitas águas e das mãos dos filhos estranhos, (8) cuja boca fala vaidade, e a sua mão direita é a destra de falsidade. (9) A ti, ó Deus, cantarei um cântico novo; com o saltério e instrumento de dez cordas te cantarei louvores; (10) a ti, que dás a salvação aos reis, e que livras a Davi, teu servo, da espada maligna. (11) Livra-me, e tira-me das mãos dos filhos estranhos, cuja boca fala vaidade, e a sua mão direita é a destra de iniquidade, (12) para que nossos filhos sejam como plantas crescidas na sua mocidade; para que as nossas

filhas sejam como pedras de esquina lavradas à moda de palácio; (13) para que as nossas despensas se encham de todo provimento; para que os nossos rebanhos produzam a milhares e a dezenas de milhares nas nossas ruas. (14) Para que os nossos bois sejam fortes para o trabalho; para que não haja nem assaltos, nem saídas, nem gritos nas nossas ruas. (15) Bem-aventurado o povo ao qual assim acontece; bem-aventurado é o povo cujo Deus é o Senhor.

SALMO 145

PARA PERDER O MEDO DE VER ESPÍRITOS

Se você morre de medo de espíritos, não consegue dormir ou ficar sozinho em casa, ore o Salmo 145. Estude o mundo espiritual e veja como ele é maravilhoso!

(1) Eu te exaltarei, ó Deus, rei meu, e bendirei o teu nome pelos séculos dos séculos e para sempre. (2) Cada dia te bendirei, e louvarei o teu nome pelos séculos dos séculos e para sempre. (3) Grande é o Senhor, e muito digno de louvor, e a sua grandeza inescrutável. (4) Uma geração louvará as tuas obras à outra geração, e anunciarão as tuas proezas. (5) Falarei da magnificência gloriosa da tua majestade e das tuas obras maravilhosas. (6) E se falará da força dos teus feitos terríveis; e contarei a tua grandeza. (7) Proferirão abundantemente a memória da tua grande bondade, e cantarão a tua justiça. (8) Piedoso e benigno é o Senhor, sofredor e de grande misericórdia. (9) O Senhor é bom para todos, e as suas misericórdias são sobre todas as suas obras. (10) Todas as tuas obras te louvarão, ó Senhor, e os teus santos te bendirão. (11) Falarão da glória do teu reino, e relatarão o teu poder, (12) para fazer saber aos filhos dos homens as tuas proezas e a glória da magnificência do teu reino. (13) O teu reino é um reino eterno; o teu domínio dura em todas as gerações. (14) O Senhor sustenta a todos os que caem, e levanta a todos os abatidos. (15) Os olhos de

todos esperam em ti, e lhes dás o seu mantimento a seu tempo. (16) Abres a tua mão, e fartas os desejos de todos os viventes. (17) Justo é o Senhor em todos os seus caminhos, e santo em todas as suas obras. (18) Perto está o Senhor de todos os que o invocam, de todos os que o invocam em verdade. (19) Ele cumprirá o desejo dos que o temem; ouvirá o seu clamor, e os salvará. (20) O Senhor guarda a todos os que o amam; mas todos os ímpios serão destruídos. (21) A minha boca falará o louvor do Senhor, e toda a carne louvará o seu santo nome pelos séculos dos séculos e para sempre.

SALMO 146

PARA AJUDAR A CICATRIZAR FERIDAS

Pessoas que têm dificuldade de cicatrização, que se cortam ou se machucam facilmente devem orar o Salmo 146 todas as quartas-feiras e procurar ajuda médica.

(1) Louvai ao Senhor. Ó minha alma, louva ao Senhor. (2) Louvarei ao Senhor durante a minha vida; cantarei louvores ao meu Deus enquanto eu for vivo. (3) Não confieis em príncipes, nem em filho de homem, em quem não há salvação. (4) Sai-lhe o espírito, volta para a terra; naquele mesmo dia perecem os seus pensamentos. (5) Bem-aventurado aquele que tem o Deus de Jacó por seu auxílio, e cuja esperança está posta no Senhor seu Deus. (6) O que fez os céus e a terra, o mar e tudo quanto há neles, e o que guarda a verdade para sempre; (7) o que faz justiça aos oprimidos, o que dá pão aos famintos. O Senhor solta os encarcerados. (8) O Senhor abre os olhos aos cegos; o Senhor levanta os abatidos; o Senhor ama os justos; (9) o Senhor guarda os estrangeiros; sustém o órfão e a viúva, mas transtorna o caminho dos ímpios. (10) O Senhor reinará eternamente; o teu Deus, ó Sião, de geração em geração. Louvai ao Senhor.

SALMO 147

CONTRA PICADAS DE ANIMAIS

O Salmo 147 é especial para quem levou uma picada de cobra ou de escorpião. Ore o Salmo 147 e não deixe de procurar o auxílio de um médico.

(1) Louvai ao Senhor, porque é bom cantar louvores ao nosso Deus, porque é agradável; decoroso é o louvor. (2) O Senhor edifica a Jerusalém, congrega os dispersos de Israel. (3) Sara os quebrantados de coração, e lhes ata as suas feridas. (4) Conta o número das estrelas, chama-as a todas pelos seus nomes. (5) Grande é o nosso Senhor, e de grande poder; o seu entendimento é infinito. (6) O Senhor eleva os humildes, e abate os ímpios até à terra. (7) Cantai ao Senhor em ação de graças; cantai louvores ao nosso Deus sobre a harpa. (8) Ele é o que cobre o céu de nuvens, o que prepara a chuva para a terra, e o que faz produzir erva sobre os montes; (9) O que dá aos animais o seu sustento, e aos filhos dos corvos, quando clamam. (10) Não se deleita na força do cavalo, nem se compraz nas pernas do homem. (11) O Senhor se agrada dos que o temem e dos que esperam na sua misericórdia. (12) Louva, ó Jerusalém, ao Senhor; louva, ó Sião, ao teu Deus. (13) Porque fortaleceu os ferrolhos das tuas portas; abençoa aos teus filhos dentro de ti. (14) Ele é o que põe em paz os teus termos, e da flor da farinha te farta. (15) O que envia o seu mandamento à

terra; a sua palavra corre velozmente. (16) O que dá a neve como lã; esparge a geada como cinza; (17) o que lança o seu gelo em pedaços; quem pode resistir ao seu frio? (18) Manda a sua palavra, e os faz derreter; faz soprar o vento, e correm as águas. (19) Mostra a sua palavra a Jacó, os seus estatutos e os seus juízos a Israel. (20) Não fez assim a nenhuma outra nação; e quanto aos seus juízos, não os conhecem. Louvai ao Senhor.

SALMO 148

PARA OS BOMBEIROS

Este salmo é específico para os bombeiros. Ele deve ser lido antes de enfrentar um incêndio. Faça esta oração pedindo para que não haja vítimas fatais.

(1) Louvai ao Senhor. Louvai ao Senhor desde os céus, louvai-o nas alturas. (2) Louvai-o, todos os seus anjos; louvai-o, todos os seus exércitos. (3) Louvai-o, sol e lua; louvai-o, todas as estrelas luzentes. (4) Louvai-o, céus dos céus, e as águas que estão sobre os céus. (5) Louvem o nome do Senhor, pois mandou, e logo foram criados. (6) E os confirmou eternamente para sempre, e lhes deu um decreto que não ultrapassarão. (7) Louvai ao Senhor desde a terra: vós, baleias, e todos os abismos; (8) Fogo e saraiva, neve e vapores, e vento tempestuoso que executa a sua palavra; (9) montes e todos os outeiros, árvores frutíferas e todos os cedros; (10) as feras e todos os gados, répteis e aves voadoras; (11) reis da terra e todos os povos, príncipes e todos os juízes da terra; (12) moços e moças, velhos e crianças. (13) Louvem o nome do Senhor, pois só o seu nome é exaltado; a sua glória está sobre a terra e o céu. (14) Ele também exalta o poder do seu povo, o louvor de todos os seus santos, dos filhos de Israel, um povo que lhe é chegado. Louvai ao Senhor.

SALMO 149

PARA QUE UM INCÊNDIO NÃO SE ALASTRE

Se você está diante de um incêndio, sua oração é importante para que ele não se alastre. Ore o Salmo 149 e peça a salvação das pessoas envolvidas.

(1) Louvai ao Senhor. Cantai ao Senhor um cântico novo, e o seu louvor na congregação dos santos. (2) Alegre-se Israel naquele que o fez, regozijem-se os filhos de Sião no seu Rei. (3) Louvem o seu nome com danças; cantem-lhe o seu louvor com tamborim e harpa. (4) Porque o Senhor se agrada do seu povo; ornará os mansos com a salvação. (5) Exultem os santos na glória; alegrem-se nas suas camas. (6) Estejam na sua garganta os altos louvores de Deus, e espada de dois fios nas suas mãos, (7) para tomarem vingança dos gentios, e darem repreensões aos povos; (8) para prenderem os seus reis com cadeias, e os seus nobres com grilhões de ferro; (9) para fazerem neles o juízo escrito; esta será a honra de todos os seus santos. Louvai ao Senhor.

SALMO 150

GRATIDÃO A DEUS

O Salmo 150 é o Salmo de agradecimento a Deus por um objetivo alcançado e por todos os benefícios que você conseguiu ao longo da vida. Sempre que precisar de algo muito difícil, peça a ajuda d'Ele. Após atingir seus objetivos, ore o Salmo 150 com todo o amor no coração.

(1) Louvai ao Senhor. Louvai a Deus no seu santuário; louvai-o no firmamento do seu poder. (2) Louvai-o pelos seus atos poderosos; louvai-o conforme a excelência da sua grandeza. (3) Louvai-o com o som de trombeta; louvai-o com o saltério e a harpa. (4) Louvai-o com o tamborim e a dança, louvai-o com instrumentos de cordas e com órgãos. (5) Louvai-o com os címbalos sonoros; louvai-o com címbalos altissonantes. (6) Tudo quanto tem fôlego louve ao Senhor. Louvai ao Senhor.

Nunca é demais se lembrar de que...

Uma ordem médica ou outra determinação profissional qualquer (por exemplo, uma orientação jurídica, psicológica etc.) jamais deve ser substituída por um banho, ritual ou dica. Fé e bom senso andam de mãos dadas.

AGRADECIMENTOS

Agradeço à minha família – do céu e da Terra;
agradeço ao invisível;
agradeço às palavras, que me curaram tantas vezes;
agradeço ao dom, ao amor, à inspiração e à luz;
agradeço ao meu editor, Guilherme Samora, à editora assistente, Tamires, e à Globo Livros.

Este livro, composto na fonte Fairfield,
foi impresso em Lux Cream 60g/m² na BMF,
São Paulo, Brasil, outubro de 2023.